丛书顾问

（以姓氏拼音字母为序）

顾明远　裴娣娜　史宁中　宋乃庆
田正平　叶　澜　钟秉林　朱小蔓

丛书编委会

主　任：张斌贤
委　员：（以姓氏拼音字母为序）

陈时见　程斯辉　褚宏启　杜成宪
范国睿　傅维利　高宝立　郭　戈
贺国庆　侯怀银　黄甫全　郝二军
靳玉乐　贾　娟　柳海民　刘贵华
刘海峰　刘立德　刘志军　楼世洲
马晓红　马云鹏　孟繁华　戚万学
司晓宏　石　鸥　石中英　孙杰远
田慧生　涂艳国　王建新　王嘉毅
王维平　吴康宁　肖　朗　徐小洲
徐　勇　余文森　翟　博　张民选
周洪宇　周作宇

教育薪火书系·第一辑

教育近代化中的梁启超

王建军 ◎ 著

山西出版传媒集团
山西人民出版社

图书在版编目（CIP）数据

教育近代化中的梁启超/王建军著.—太原：山西人民出版社，2018.5（2021.5 重印）

（教育薪火书系/张斌贤主编）

ISBN 978-7-203-10356-1

Ⅰ.①教… Ⅱ.①王… Ⅲ.①梁启超（1873-1929）-教育思想-研究 Ⅳ.①G40-092.6

中国版本图书馆 CIP 数据核字（2018）第 078524 号

教育近代化中的梁启超
JIAOYU JINDAIHUA ZHONG DE LIANG QICHAO

著　　者：王建军
责任编辑：贾　娟
复　　审：傅晓红
终　　审：员荣亮
装帧设计：李尚斌　张国仁

出 版 者：山西出版传媒集团·山西人民出版社
地　　址：太原市建设南路 21 号
邮　　编：030012
发行营销：0351-4922220　4955996　4956039　4922127（传真）
天猫官网：https://sxrmcbs.tmall.com　电话：0351-4922159
E - mail：sxskcb@163.com　发行部
　　　　　sxskcb@126.com　总编室
网　　址：www.sxskcb.com

经 销 者：山西出版传媒集团·山西人民出版社
承 印 厂：山西出版传媒集团·山西人民印刷有限责任公司

开　　本：787mm×1092mm　1/16
印　　张：10
字　　数：220 千字
印　　数：3001—13000 册
版　　次：2018 年 5 月　第 1 版
印　　次：2021 年 5 月　第 2 次印刷
书　　号：ISBN 978-7-203-10356-1
定　　价：53.00 元

如有印装质量问题请与本社联系调换

教育薪火 传承不息(总序)

钟秉林

在人类的历史长河中,教育一直伴随人类的文明进程在不断发展进步,那些弥足珍贵的教育著作、教育思想、教育人物和事迹,无时无刻不在拨动着教育工作者的心弦。我们永远无法忘记那些给我们留下宝贵思想财富的教育家,他们的思想、言论和实践,依然是激励我们教育工作者前进的动力。时至今日,教育的发展与变革更成为世界各国应对日趋激烈的国际竞争的重要战略。在科教兴国战略的指导下,党和国家对教育工作给予了高度的重视,深刻认识到教育家对教育事业的重要性。《国家中长期教育改革和发展规划纲要(2010—2020年)》就明确提出:"创造有利条件,鼓励教师和校长在实践中大胆探索,创新教育模式和教育方法,形成教学特色和办学风格,造就一批教育家,倡导教育家办学。"

要想成长为教育家或者在教育实践中能够起到扛鼎作用并非易事,需要我们教育工作者吸收过往教育家留下来的丰富教育营养,清晰地认识什么是真正的教育家,教育家应该具备什么样的素质和条件,做到融会贯通,大胆实践,自成一家。与此同时,在教育改革的大背景下,普通教师同样迫切需要能够在教书育人过程中得到启迪和突破的催化剂,教育家的思想和实践是经过检验的真理,是教学启迪催化剂的最佳选择。

然而,在浩瀚的书海中,以教育家为主线、囊括中外、跨越古今、自成体系的书系并没有面世。策划团队在教育的广袤园地上深耕多年,熟知一线教师的需求,希望为普通教师策划一套教育理论普及读物,以使广大中小学教师能够"近距离"地接触中外历代教育家的教育思想、实践经验和办学理念,促进教育理论水平的提高,从而更好地开展教育教学实践。书系的策划人与张斌贤教授为理事长的中国教育学会教育史分会的夙愿不谋而合,合作编写一套大规模的、以教育家为主线的书系的想法随之形成。

策划团队把书系命名为"教育薪火",是希望教育家的教育思想能够薪火相传,不断推动人类文明的发展。"教育薪火"书系拟分为三辑出版,按照中国古代、中国近现代、外国古代和外国近现代分类。第一辑共选择了一百余位中外教育家,一位教育家一本书,规模宏大,应该说能够在中国教育出版史上留下浓墨重彩的一笔。所选教育家都是经过书系编委会认真研究、充分论证而定的,他们在教育史上有较大的影响,能够启迪或者感染教育工作者,推进教育和教学的发展。当然,其中有的教育家更为名声在外的不是在教育上,但是他们在教育上的贡献毫不逊色于其他方面的贡献,比如我们熟知的一些革命家;另外,还包括了一些具有地方特色的教育家以及还没有被人们真正认识的教育家。

必须提及的是,中国教育学会教育史分会非常荣幸地邀请到我国著名的教育学者顾明远教授、叶澜教授、史宁中教授、宋乃庆教授、田正平教授、裴娣娜教授和朱小蔓教授等担任书系的顾问,成立了由40多位教育学界具有重要影响的学者组成的编委会,为书系的质量保驾护航。

还需提及的是,策划团队为物色学有专长的作者付出了巨大的辛劳。书系的作者地域和院校分布广泛,既有北京师范大学、华东师范大学、东北师范大学、华中师范大学、陕西师范大学、南京师范大学、首都师范大学等师范院校的学者,也包括武汉大学、四川大学、南京大学、南开大学、天津大学、河北大学、河南大学等综合大学的学者。作者以教育史专业的中青年教师为主力军,他们朝气蓬勃、时代感强,研究范围涉猎较广,能大胆地探索和怀疑,一些新的教育研究成果不断涌现,为书系注入了难得的新鲜气息;他们与一线中青年教师同处一个频道,其思维模式很容易被接受。

客观而言,现在每年出版的教育类图书很多很多。一类为实践性强和操作性强的教学类图书,教师拿来就可以在课堂上使用;另一类为理论性强和学术性强的图书,印数少,流通范围小,普通教师往往望而却步。然而,教育理论只有指导教育实践才有存在的价值。在我看来,书系最具特色的价值就是秉承了教育理论通俗化这一理念,在教育理论研究者和普通教师之间架起了一道桥梁。书系以教育家为主线,坚持学术性与普及性并重,用通俗化的语言,或阐述教育家的教育思想精华,或叙写教育家的精彩教育事迹和教育实践,力图"润物细无声",让教师喜欢读,在读中提高素养,深刻理解教育家,形成自己的理论,推进"教育家办学"。

当然,书系在真实性上也颇下功夫。以史料为依据,实事求是叙述,客观全面评价,不有意拔高教育家的贡献,注重教育家闪光点的挖掘和传播,是教育家历史画卷现代版的呈现。书系成规模、系统化,学术性和可读性强,具有较强的收藏价值,非常适合各中小学图书室和大学图书馆选择配置。

中国教育学会教育史分会为教育事业做了一件好事,张斌贤理事长请我作序,我觉得理应支持,欣然应允。

希望广大教育工作者能够认真阅读这套图书,为自己的教育职业生涯发展打下坚实基础,为成长为新时期的教育家而不懈努力。

丁酉年正月于北京
(作者系中国教育学会会长、北京师范大学原校长)

目　录

引子　十年之后当思我，举国犹狂欲语谁　　1

第一章　男儿志兮天下事，但有进兮不有止　　7
　　一、决然拜师康有为　　8
　　二、不懈追求为真理　　14
　　三、一腔豪情志维新　　21

第二章　新义凿沌窍，大声振聋俗　　25
　　一、维新斗士忧救国　　26
　　二、救国之本在民智　　31
　　三、变通科举废八股　　36
　　四、倡兴学校促改革　　39

第三章　誓起民权移旧俗，更研哲理牖新知　　45
　　一、时务学堂立宗旨　　46
　　二、教学改革勇创新　　51
　　三、鼓吹革命倡民权　　55

第四章　世界无穷愿无穷，海天寥廓立多时　　59
　　一、亡命海外志益坚　　60

  二、广收博取求奋进 63
  三、创办《清议报》《新民丛报》 68
  四、吾爱真理爱自由 73

第五章 献身甘作万矢的，著论求为百世师 79
  一、第一急务是新民 80
  二、独立进取为进化 84
  三、提倡公德为合群 89
  四、少年中国之少年 91

第六章 天运亮可知，回向恻中肠 95
  一、殚精竭虑促国运 96
  二、爱吾师尤爱真理 104
  三、旅欧回来话观感 107

第七章 末学英雄先学道，肯将荣瘁校群儿 113
  一、教育改革倡人格 114
  二、著述办学显精神 124
  三、学者战场在讲台 130

结语 万事祸为福所倚，百年力与命相持 137

参考文献 147

后 记 149

引 子
十年之后当思我,举国犹狂欲语谁

1927年,梁启超55岁了。这是一个年富力强的年龄,是一个富有事业心的人敢向事业巅峰问鼎的年龄。在这一年,梁启超决定为国立京师图书馆编两部书,一部是《中国图书大辞典》,一部是《中国图书索引》,计划用五年时间完成,并希望训练出一批编纂人才。也是这一年,他在给清华大学学生的讲演中,提出希望能集合同志二三十人,用二三十年工夫,可以得到一部比较好的中国史。他只觉得天下万事万物都有趣味,他只嫌24小时不能扩充到48小时。他曾对女儿说:"医生说不准我读书著书构思讲演,不准我吃酒吃茶吃烟。我的宝贝,你想这种生活我如何能过得。"① 一生好强的梁启超,从来没有把病魔放在眼里。虽然他偶尔也意识到自己对治病总是太大意了,若是早点医治,总不致如此麻烦,但随即他的兴奋点便转到工作中去了。

那还是在1924年9月,梁启超的夫人李蕙仙病逝,这给梁启超以巨大打击。几个月来,他不能工作,常常"块然独坐,几不知人间何世"②。不久,他发现小便带血。为了不给家人增加负担,他将此事瞒住了。

至1926年初,梁启超便血病加剧,不得已入北京德国医院医治。他在2月9日给女儿的一封信中说:"我的病还是那样,前两礼拜已见好了。王姨去天津,我便没有去看。又很费心造了一张《先秦学术年表》,于是小便又再红起来,被克礼很抱怨一会,一定要我去住医院。没奈何只得过年后去关几天。朋友们都劝我在学校里放一两个月假,我看住院后再说。其实我这病一点苦痛也没有,精神体

---

① 丁文江、赵丰田编:《梁启超年谱长编》,上海:上海人民出版社,2009年版,第624页。
② 丁文江、赵丰田编:《梁启超年谱长编》,上海:上海人民出版社,2009年版,第654页。

气一切如常,只要小便时闭着眼睛不看,便什么事都没有。我觉得殊无理会之必要。"①

后来进北京协和医院,医生认定是其右肾上长了一个瘤子,于是在医院接受手术治疗。手术后仍旧便血,可见诊断不确,但梁启超精神甚好,他在给女儿的信中说:"总而言之,受术后十天。早已和无病人一样,现在做什么事情都有兴致,绝不疲倦,一点钟以上的演讲已经演过几次了。七叔,王姨们初时屡屡警告,叫我'自己常常记得还是个病人'。近来他们看惯了,也疲了,连他们也不认我还是病人了。"②

不久,梁启超的四妹病逝。梁启超受此刺激,刚刚好的病又一次复发。经再服中药,才使便血慢慢停止。他在给女儿的信中力劝女儿不必回国探视,他说:"我有什么看不开,小小的病何足以灰我的心,我现在早已兴会淋漓的做我应做的工作了。"③

至1927年,梁启超的便血病时好时坏,他仍然勤奋忘我地工作。但这个病却是不饶人,稍有劳累或刺激,便会发作。1927年3月,康有为病逝,梁启超的便血病因刺激再度复发。6月,王国维投昆明湖自杀,梁启超又因大受刺激而病发得很厉害。12月,范源濂病逝,又使梁启超大为伤感,小便不通长达29小时。这一年年底,梁启超在给女儿的信中写道:"我的病本来已经痊愈了,二十多天,便色与常人无异,惟最近一星期因做了几篇文章(实在是万不能不做的,但不应该连着做罢了),又渐渐有复发的形势。如此甚属讨厌,若完全叫我过'老太爷的生活',我岂不成了废人吗?我精神上实在不能受此等痛苦。"④

1928年春,梁启超的身体一天不如一天,血压不稳,便血间有,心脏亦在萎缩,梁启超所不情愿的"老太爷的生活"也日渐增多了。无奈,他辞去了清华的一

---

① 丁文江、赵丰田编:《梁启超年谱长编》,上海:上海人民出版社,2009年版,第690页。
② 丁文江、赵丰田编:《梁启超年谱长编》,上海:上海人民出版社,2009年版,第694—695页。
③ 丁文江、赵丰田编:《梁启超年谱长编》,上海:上海人民出版社,2009年版,第702页。
④ 丁文江、赵丰田编:《梁启超年谱长编》,上海:上海人民出版社,2009年版,第749页。

切工作,尽管他极舍不得清华研究院。接着,在辞去了图书馆馆长的职务后,又坚定地辞却了编纂《中国图书大辞典》的任务。

但是,要梁启超过一种眼中无书、手中无笔的消闲生活,那实在是太痛苦了。在天津静养期间,他开始编纂辛弃疾年谱。其弟梁仲策在追记其编撰之经过时说:"《辛稼轩年谱》,九月十日始属稿,二十四日编至稼轩五十二岁,入夜痔大发,竟夕不能睡,二十五日过午始起,侧身坐属稿。二十六日,痔疮痛剧,不能复坐,二十七日,始入京就医,十月五日,始返,仍未能执笔。十月五日,从北京就医归,归途感冒发烧,不自觉,六、七两日执笔校改前稿甚多。七日下午,始知有病,遂卧床两日。九日下午,势全退,乃赓续作此。十月十日,昨日午势已全退,今晨复升至三十七二,可厌之至。无卿故,仍执笔,十二日,为最后绝笔。"①11月27日,梁启超被再度送往北京协和医院。

1929年1月11日,梁启超似乎已预感来日不多,便计划提前自祝60岁寿。他请其友人作文百篇,请林宰平作关于梁启超之佛学研究,请罗复庵作梁启超书法研究。梁启超意欲与死神进行最后的抗争。但是,1月15日,病势急剧恶化,至19日午后2时15分,梁启超永远闭上了双眼。

据其弟梁仲策追述:"在病原未发见以前,任公以其病不治,亲嘱家人以其尸身剖验,务求病原之所在,以供医学界之参考。"②

梁启超去世的消息传开,在社会各界引起相当大的震动,政界、教育界、文化界都为这颗近代文化巨星的陨落而悲痛。2月17日,梁启超家族举行开吊。这一天,梁启超的知友同志及社会各界,分别在北京和上海举行追悼大会。

北京的追悼大会在老墙根广惠寺公祭。广东旅平同乡会在广惠寺大门高扎蓝花白底素牌楼一座,用蓝花扎成"追悼梁任公先生大会"九个大字,门内高悬阎锡山挽联:

---

①丁文江、赵丰田编:《梁启超年谱长编》,上海:上海人民出版社,2009年版,第768页。
②丁文江、赵丰田编:《梁启超年谱长编》,上海:上海人民出版社,2009年版,第772页。

著作等身，试问当代英年，有几多私淑弟子
澄清揽辔，深慨同时群彦，更谁是继起人才

祭台前用素花扎成牌楼，缀以"天丧斯人"四字，两边是熊希龄的挽联：

十余年患难深交，有同骨肉，舍时去何先，著书未完难瞑目
数小时行程迟误，莫接声容，悲余来已晚，抚棺一痛更伤心

广惠寺的内佛堂均被祭联、哀章所布满，总计有3000余件。琳琅满目的挽联挽诗，寄托了社会各界人士对梁启超的敬仰与哀思。

这里有冯玉祥的挽联：

矢志移山亦艰苦
大才如海更纵横

有王士珍的挽联：

读万卷书，行万里路，公真天下健者
生有自来，死有所归，我为斯世惜之

有蒋梦麟的挽联：

海内溯文豪，又弱一个
岭南论哲学，自有千秋

有胡适的挽联：

文字收功，神州革命
生平自许，中国新民

参加追悼会的各界人士共500人，除尚志学会、时务学会、清华大学国学研

究院、香山慈幼院、松坡图书馆、司法储才馆、广东旅平同乡会等团体的代表外，社会各界知名人士熊希龄、丁文江、胡适、钱玄同、朱希祖、张贻惠、林砺儒、瞿世英、杨树达、熊佛西、余上沅、蓝志先、任鸿隽、陈衡哲、沈性仁、江瀚、王文豹、钱稻孙、袁同礼等亲自到场致哀。梁启超在国内的五个子女及长媳均麻衣草履，俯伏灵帏内，稽颡叩谢，泣不可抑。全场为喑呜之声所笼罩，咸为之黯然。

同一天，上海社会各界设奠于静安寺，为梁启超举行公祭之典。会场布置得庄严肃穆，祭台正中高悬梁启超在巴黎和会的着西装放大相片，座上陈设素祭迎春一大瓶。四壁满悬挽件、挽诗。其中有蔡元培的挽联：

保障共和，应与松坡同不朽
宣传欧化，宁辞五就比阿衡

有杨杏佛的挽联：

文开白话先河，自有勋劳垂学史
政似青苗一派，终怜凭藉误英雄

有沈商耆的挽联：

三十年来新事业，新智识，新思想，是谁唤起
百千载后论学术，论文章，论人品，自有公评

有高梦旦的挽联：

不朽在立言，独有千秋追介甫
自任以天下，何辞五就比阿衡

有梁实秋、潘光旦、张嘉铸、吴景超的挽联：

承魏牟而教，撷孔穿而辨，断以己意
有江陵之才，得荆公之学，作新斯人

有唐蟒的挽联：

开中国风气之先，文化革新，论功不在孙黄后
愧藐躬事业未就，门墙忝列，伤世长为屈贾哀

追悼大会由诗人陈敬原、出版家张元济主持。社会名流蔡元培、唐蟒、叶誉虎、刘文岛、姚子让、高梦旦等百余人到场致哀，学生与商界人士来者甚众。有一专程从南京赶来的吊祭者，与梁启超素昧平生，他在礼场上说："论私益则知识及立志悉仰新会之启迪感化，论国事则振聋发聩为革命造基业，新会之功不亚孙、黄。故虽绝无交谊，特来致敬。"

另外，章太炎有挽梁启超一联，并自序一节：

至客腊闻尊公疾笃，未及竟于报纸得讣。平生知友零落殆尽，恻怆何极。所致挽联，虽无奇特，然以为能写尊公心迹，亦即鄙人与尊公相知之素也。

进退上下，式跃在渊，以师长责言，匪复深心姑屈己
恢诡谲怪，道通为一，逮枭雄僭制，共和再造赖斯人①

梁启超逝世的消息也影响到了海外。1929年4月，美国出版的《美国历史评论》在《史学界消息》栏目中介绍了梁启超的逝世消息及其生平，文章最后一段写道：

在一本小自传《三十自述》里，梁先生说："我十八岁初到上海，第一次拿到一本地图册之前，我不知道世界上有五大洲。"然而就是这个年轻人，以非凡的精神活力和自成一格的文风，赢得全中国知识界的领袖头衔，并保留它一直到去世。表现在他的文风和他的思想里的这种能够跟上时代变迁的才华，可以说是由于他严格执行他自己常常对人引用的格言："切勿犹疑以今日之我宣判昨日之我。"②

---

① 丁文江、赵丰田编：《梁启超年谱长编》，上海：上海人民出版社，2009年版，第779页。
② 丁文江、赵丰田编：《梁启超年谱长编》，上海：上海人民出版社，2009年版，第779—780页。

第一章

男儿志兮天下事,但有进兮不有止

青年梁启超

一、决然拜师康有为

清光绪十六年(1890)八月,广州的仲秋还是异常炎热。

这一天早晨,太阳才爬起一竿子高,就已经把刚才还稍有丝丝凉意的广州晒得暖融融的。坐落在越秀山上的学海堂的大门才刚刚打开,两个年轻学子便匆匆跨出门槛,他们寻了一条下山的小路,迅速走进了浓郁的绿荫之中。

走在前面的一个年龄稍长,约莫二十一二岁,他神色专注,步子不紧不慢,浑身透出一股持事稳重的性格,他就是广州学海堂的高材生陈千秋。陈千秋,字礼吉,又字通父、通甫。别看陈千秋才二十出头,但在同龄学子中却是以读书甚多、治学严谨而为人称道。他擅长经学及辞章考据之学,尤其对历朝掌故素有研究。平日他寡言少语,然语出必有令同伴惊叹折服之处,故在学海堂的同学诸生中常被人尊为兄长。

与他为伴的是他的同窗好友梁启超。他小陈千秋4岁,长得浓眉大眼,炯炯有神的双目充满着自信,其中也不乏年轻自负的得意。这位来自南国水乡的年轻人,别看才17岁,却已经是一位举人了。怪不得他走得那么潇洒,走得那么自负。当然他也想学着陈千秋,极力表现出老成稳重的样子,却怎么也掩饰不了那满脸的稚气。其行路也不似陈千秋那么专注,而是左顾右盼,时时因好奇周围的景色而放慢了脚步,待前面的陈千秋回头催促,他才紧走几步跟上来。

梁启超,字卓如,出生于广东新会熊子乡的茶坑村。这是中国南端濒临南海的一个水乡之村,据梁启超自己介绍,此地"当西江入南海交汇之冲,其江口列岛七,而熊子宅其中央,余实中国极南之一岛民也"①。这是一个古朴、封闭、缺少生机的小乡村。但是当梁启超降临这个世界之时,这个小乡村与长期处于封闭状态的中国社会一样,已经处于近代资本主义世界潮流的光照之下了,只是此地的人们对这一趋势并无任何察觉而已。30年后,梁启超在《三十自述》中对这一时代潮流的影响作了耐人寻味的强调,他说:"余生同治癸酉正月二十六,实太平天国亡于金陵后十年,清大学士曾国藩卒后一年,普法战争后三年,而意大利建国罗马之岁也。"②

梁启超对其出生时代背景的强调并不是没有道理,他所出生的时代确实是一个动荡、复杂而又变幻莫测的时代。鸦片战争的爆发,将长期闭关锁国的中国卷入了近代资本主义世界大潮之中。尤其是第二次鸦片战争更促使清廷中的一部分官僚被迫树起了办洋务的大旗,客观上为中国近代资本主义的发展打开了一个缺口,中国社会从此走上了近代改革的不归之路。这是一个呼唤变革的时代,也是一个呼唤英雄的时代。只要你能够把握时代的脉搏,只要你敢于扼住命运的咽喉,你就能脱颖而出。

梁启超有幸生活在这样一个历史转型的时代。如果不是如此,他也可能如同他的祖辈那样,在那个交通极为不便、与外界联系甚少的水乡之村永远地生活下去。梁启超的先世乃福州人,宋末遭亡国之祸乱,由福州迁徙至广东南雄,明末又因同样的缘故迁往新会,从此定居。数百年来其祖先在这个偏远之乡且耕且读,祖祖辈辈过着与世无争的清贫生活。直到梁启超的祖父梁维清,经过多年的奋斗,才中了个秀才,挂名府学生员。虽然这在茶坑村已算得上个人物了,但家境依然清贫。家中藏书只有一套《史记》和一套《纲鉴易知录》,后来有人送给他父亲一套《汉书》和一套姚氏《古文辞类纂》,这就是梁启超幼年所能读到的全部书籍了。

当然,在梁启超的童年时代,近代社会变革的潮流并没有影响到他的家乡。

---

① 梁启超:《三十自述》,张品兴主编:《梁启超全集》,北京:北京出版社,1999年版,第957页。
② 丁文江、赵丰田编:《梁启超年谱长编》,上海:上海人民出版社,2009年版,第9页。

教育近代化中的梁启超

尽管鸦片战争至此已有三十几年了,尽管洋务运动也已有十几年的经历了,梁启超谓其"族之伯叔兄弟,且耕且读,不问世事,如桃源中人"①,就可看到近代中国社会变革进程的缓慢与艰难。梁启超的启蒙教育也未能超脱传统教育的窠臼。6岁时,梁启超已读完了"四书"与《诗经》。6岁后,随父读,受中国略史、"五经",8岁学为文,9岁能缀千言。梁启超自幼天资聪明,很得长辈嘉许。有一天一客人到访,梁启超上前奉茶,客人欲试一试他的聪明如何,就出了一句"饮茶龙上水"命他对,梁启超不假思索,应声答道:"写字狗扒田。"上联是新会俗语,下联对的也是新会俗语,使客人大为称赞。10岁时他父亲的朋友以"推车过小陌"要他对,他马上对以"策马入长安"②。

在传统教育制度之下,10岁的梁启超别无选择地走上了科举之路。所不同的是,梁启超自幼机敏过人,才华卓群,12岁时,梁启超二赴广州,考中秀才,补博士弟子员。主考的广东学政叶大焯对其大为赏识,他特地将梁启超等几个年龄较小的秀才留下"试以文艺",独梁启超对答如流,极少差错,更使叶大焯大为叹服。梁启超乘机跪倒在地,大着胆子向学政请求:"家有大父,今年七十矣,弧矢之期,在仲冬二十一日,窃愿得先生一言为寿,庶可永大父之日月,而慰吾仲父、吾父之孝思,且以为宗族交游光宠也。"③叶大焯当场应允,写下一篇长长的祝寿文。梁启超将这位三品大官的祝寿文带回地处偏僻的家乡,给梁氏家族带来了何等的风光。梁启超更是得意非凡,他终于没有辜负祖辈的期望。要知道,12岁还是在父母怀里撒娇的年龄,可梁启超却已在科举路上初试锋芒,崭露头角了。

考中秀才的第二年(1885),梁启超赴广州求学。他先是拜师吕拔湖、陈梅坪、石星巢等,并开始尝试参加学海堂的季课。学海堂有广东最高学府之称,为当年两广总督阮元于道光年间所办。学海堂之学风,重考据而不尚制艺,重读书而不重考试。其考试采季课而不采月课,季课向全社会公开试题而不关门考试,所以对推动广东学风的转变起到了关键作用。梁启超在学海堂季课的影响下,开始

---

① 梁启超:《三十自述》,张品兴主编:《梁启超全集》,北京:北京出版社,1999年版,第957页。
② 佳木:《梁启超故乡述闻》,夏晓虹编:《追忆梁启超》,北京:中国广播电视出版社,1997年版,第58页。
③ 丁文江、赵丰田编:《梁启超年谱长编》,上海:上海人民出版社,2009年版,第12页。

接触训诂之学,对帖括制艺开始产生厌弃之情。他尽情地遨游在知识的海洋,如饥似渴地涉猎古典经籍,眼界大开。每次季考,梁启超都以优异成绩获得学海堂的奖学金。16 岁时,他已取得学海堂的正班生资格,并且成为菊坡精舍、粤秀书院、粤华书院的外院生。

经过近 5 年的苦读,梁启超的学海生涯再上一个台阶。17 岁那年,广东举行乡试,梁启超欣然应考,以第 8 名的成绩中举人。当时任主考官的刑部侍郎李端棻十分赞赏梁启超的才华,当场将堂妹李蕙仙许配给了梁启超。双喜临门,前程似锦,按科举时代所昭示给年轻人的目标,梁启超的登攀只剩下会试和殿试两个台阶了。

对此,梁启超当然是十分得意。尽管他的家族祖祖辈辈与清贫为伍,但博取功名、光宗耀祖的人生信念一直渗透在他祖先的血液之中。梁启超的祖父梁维清中了秀才之后,这种愿望便更为强烈了。梁启超的父亲梁宝瑛一生勤奋,刻苦攻读,但于科场却屡屡失意。在他绝意仕途之际,他把光宗耀祖的希望完全寄托在长子梁启超的身上了。梁宝瑛一向视梁启超为奇才,祖父梁维清更是把他看作梁氏家门重振的希望。母亲赵氏出身书香之家,粗通诗书,她含辛茹苦,将全部的爱和希望也都倾注在梁启超的身上。梁启超的少年中举给了梁氏家族以巨大的慰藉!

但是,在梁启超的理想中,并非只有"科名",传统教育所倡导的"修身、齐家、治国、平天下"同样在梁启超的心灵中留下了深刻的印象。幼年的梁启超从家庭中所获得的文化知识恐怕是极有限的,但父辈们所教导的为人志向和品格却给幼小的梁启超以深刻影响。梁维清注重宋明理学家提倡的"义理名节之教",以之作为教育子孙立身处世之根本。他"日与言古豪杰哲人嘉言懿行,而尤喜举亡宋、亡明国难之事津津道之"[①],每逢上元佳节,他总要带着子孙游览历史古迹,现场施教。梁启超之弟梁启勋在《曼殊室戊辰笔记》中写道:

吾乡有一庙宇,中藏古画四十八幅……写历史上二十四忠臣、二十四孝

---

① 丁文江、赵丰田编:《梁启超年谱长编》,上海:上海人民出版社,2009 年版,第 5 页。

子之故事。……每年灯节辄悬之以供众览……上元佳节，祖父每携诸孙入庙，指点而示之曰："此朱寿昌弃官而寻母也，此岳武穆出师北征也。"岁以为常。高祖毅轩之墓在崖门，每年祭扫必以舟往，所经过皆南宋失国时舟师覆灭之古战场。途次一岩石突出于海中，土人名之奇石，高数丈，上刻"元张宏范灭宋于此"八大字。……舟行往返，祖父与儿孙说南宋故事，更朗诵陈独麓《山木萧萧》一首，至"海水有门分上下，关山无界限华夷"，辄提高其音节，作悲壮之声调，此受庭训时之户外教育也。①

父辈们的教诲，使梁启超自幼便对宋元以后民族危亡的历史掌故十分熟悉，也养成了他关心国事、忧虑民生的情怀，萌发起治国平天下的志向。

梁宝瑛教子也极为严格，他常常告诫梁启超，为学与做人要"严其格以自绳"。梁启超言语举动稍有不慎，便训之曰："汝自视乃如常儿乎！"②梁启超的母亲温良之德，全乡皆知，多少年后，梁启超还清楚地记得6岁时曾因说谎而被母亲力鞭十数的情景。当时母亲气愤地告诫他说："汝若再说谎，汝将来便成窃盗，便成乞丐。"其母亲接着说："今说谎者，则明知其罪过而故犯之也，不惟故犯，且自欺欺人，而自以为得计也。人若明知罪过而故犯，且欺人而以为得计，则与窃盗之性质何异？"成年后的梁启超牢牢地记住了母亲的这次教育，他深情地说："我母此段教训，我至今常记在心，谓为千古名言。"③亲人们的期待与教诲，点点滴滴，犹如春风化雨，滋润着梁启超的心田。治国平天下的志向与出人头地、光宗耀祖的渴望，就这样交织在梁启超的理想中。

正因为此，少年梁启超好学，多思，争强好胜，从不满足。家中清贫无书可读，梁启超整天翻阅的就是一本《史记》，最后竟能背出十之八九。考中秀才之前，他眼界狭窄，以为天地之间于帖括之外便无所谓学问，因此便整日治帖括，练时文。然一旦进入广州学海堂，接触了汉学，梁启超便立即舍帖括而事训诂，认为天地间除训诂词章之外便无所谓学问，于是发愤苦读，学识大进。尽管他在

---

① 丁文江、赵丰田编：《梁启超年谱长编》，上海：上海人民出版社，2009年版，第5页。
② 丁文江、赵丰田编：《梁启超年谱长编》，上海：上海人民出版社，2009年版，第7页。
③ 丁文江、赵丰田编：《梁启超年谱长编》，上海：上海人民出版社，2009年版，第8页。

科举道路上春风得意,但他对近代中国动荡的命运也同样寄予了深切关注。他求学在鸦片战争爆发之地,变幻莫测的近代风云时时扰乱他平静的求学心境。梁启超自己也说:"启超自十七岁颇有悚于中外强弱之迹。"①从他在学问追求中的不断转换方向,便可看出一颗不平的心在躁动。

光绪十六年(1890),梁启超18岁。这年春天入京师参加会试,他得以接触更多的京师要闻,对民族前途的忧虑也更为深重了。国家的出路何在?民族的前途何在?年轻的梁启超十分茫然。返粤时取道上海,他十分留意的是关于西学的书籍,从书坊购得《瀛环志略》,始知有五大洲各国,又接触到上海制造局所译西方书籍,对西方文化产生了浓厚的兴趣,方知天地之大,学问之广,求知的欲望更为强烈。梁启超正是在这样不懈的追求中成长,正是在不断否定旧我和不断更新自我中走向成熟。

今天梁启超随陈千秋下山,是要去拜访陈千秋所推崇的老师康有为。梁启超与陈千秋结交的时间虽然不长,但他平日里十分钦服陈千秋,这位兄长在学问上对梁启超"辅益之者良厚"。梁启超得知陈千秋于今春师事了康有为,又听陈千秋说:"吾闻南海康先生上书请变法,不达,新从京师归,吾往谒焉。其学乃为吾与子所未梦及。"②这使梁启超对康有为产生了好奇之心。在陈千秋的怂恿下,他同意下山去见识见识这位康有为。

回顾这一切,梁启超更是神态潇洒,后面下山的路几乎是他拉着陈千秋跑下来的。下得山来,他们穿过几条小巷,便折进了布政司前的惠爱街。这是一条由长石条铺就的小巷。小巷不是很宽,却整洁安静,两旁的房屋和院墙排列得整齐端庄,一看就知道这里的居民多少都是有点身份的。梁启超轻快地走在这条光滑平整的石街上,他绝对没有想到他的人生道路将在这里面临转折。

他们在一幢石屋前停下,陈千秋敲门之后,便恭敬地站立一旁。梁启超则好奇地抬头看了看石屋正门上方的四个大字:云衢书屋。

---

① 梁启超:《适可斋记言记行序》,张品兴主编:《梁启超全集》,北京:北京出版社,1999年版,第89页。
② 丁文江、赵丰田编:《梁启超年谱长编》,上海:上海人民出版社,2009年版,第12页。

开门的正是云衢书屋的主人康有为。梁启超好奇地打量着面前这位敢于向皇帝上书的一介秀才。在梁启超看来，康有为并没有什么特别之处。他身材适中，面容清峻，眉宇间透出一股英武自信的神采。他说话声音洪亮，语速不紧不慢，待人不亢不卑却不乏真诚。然而，当双方施礼坐定之后，梁启超才真正领略到了康有为的魅力。康有为以那大海潮般的声音，引经据典，言之凿凿，将梁启超奉为神圣的旧学体系批驳得体无完肤。梁启超开始还竭力争辩，后来则完全无力招架了，他只有静静地听着和看着。说到激动处的康有为完全投入了，梁启超从他那抑扬顿挫的声调中，从他那炯炯有神的目光中，从他那感情充沛的动作中，看到了一名向旧世界宣战的斗士。

交谈持续了一整天。待夜幕降临、繁星满天之时，梁启超和陈千秋才辞别了康有为。归途中的梁启超已没有了来时的那般自信和得意，一种失落感深深地笼罩在他的心头，令他沮丧，令他痛苦。但在那失望的苦涩中又分明萌动起一丝不安的亢奋，孕育着一股奋发的冲动。在经历了一个不眠之夜之后，梁启超和陈千秋又迎着晨曦匆匆下山，在朝阳初升之时再一次敲响了云衢书屋的大门。

梁启超后来这样记叙了拜师康有为的经过：

> 时余以少年科第，且于时流所推重之训诂词章学，颇有所知，辄沾沾自喜。先生乃以大海潮音，作狮子吼，取其所挟持之数百年无用旧学更端驳诘，悉举而摧陷廓清之。自辰入见，及戌始退，冷水浇背，当头一棒，一旦尽失其故垒，惘惘然不知所从事，且惊且喜，且怨且艾，且疑且惧，与通甫联床竟夕不能寐。明日再谒，请为学方针，先生乃教以陆王心学，而并及史学，西学之梗概。自是决然舍去旧学，自退出学海堂，而间日请业南海之门。生平知有学自兹始。①

二、不懈追求为真理

如果梁启超见了康有为而无动于衷，那不是梁启超的性格。如果梁启超听了

---

① 梁启超：《三十自述》，张品兴主编：《梁启超全集》，北京：北京出版社，1999年版，第958页。

康有为的谈话而没有感到"冷水浇背,当头一棒",那也不是梁启超的性格。身为举人的梁启超,拜只有秀才资格的康有为为师,是因为当他一接触到康有为,便立即为康有为的见识和眼力所吸引所折服。康有为继承了中国文化中的"经世致用"传统,并将这一精神贯穿于对古代学术源流、历史沿革的研究中,这给梁启超展示了一个他以前从未梦想过的思想天地。康有为强调了传统文化中的修身理想,呼唤"仁"的回归,以之为立人和立国之本,这也给正在探索人生道路的梁启超昭示了明确的方向。康有为吸取了西方文化中的某些成果,进一步佐证了人类进化的必然性,为中国的社会改革呼风唤雨,这种带有强烈时代色彩的理论更给年轻的梁启超以振奋。在真理面前,梁启超绝不会因为过去的成绩和已有的身份而故步自封,而放弃追求。这就是梁启超。

历史似乎讲究一种机缘,然而这种机缘并不是每一个人都能及时地把握住。有的人因种种缘由而与这一机缘失之交臂,有的人则因敏锐地捕捉到这一机缘而终身受用,梁启超拜师康有为便属于后一种。康有为与梁启超的相遇不仅造就了近代维新运动史上康梁齐名的佳话,而且造就了中国近代教育史上万木草堂的业绩。

继梁启超师事康有为后,又陆续有二十多个青年登门求教,云衢书屋已是人满为患,陈千秋和梁启超便建议康有为另辟校舍。光绪十七年(1891),康有为租得长兴里邱氏书屋(今广州中山四路长兴里3号),定名"长兴学舍"。康有为在这里为学生正式确定了贯彻一整套学术和政治理论的教学大纲,即《长兴学记》。随着求学的青年学子日渐增多,两年后,康有为又迁学校于广州府学宫仰高祠,匾书"万木草堂"。

梁启超在《三十自述》中是这样讲的:

> 辛卯余年十九,南海先生始讲学于广东省城长兴里之万木草堂,循通甫与余之请也。先生为讲中国数千年来学术源流,历史政治沿革得失,取万国以比例推断之。余与诸同学日札记其讲义,一生学问之得力,皆在此年。先生又常为语佛学之精奥博大,余凤根浅薄,不能多所受。先生时方著《公理通》《大同学》等书,每与通甫商榷,辨析入微,余辄侍末席,有听受,无问

难,盖知其美而不能通其故也。先生著《新学伪经考》,从事校勘;著《孔子改制考》,从事分纂。日课则《宋元明儒学案》、二十四史、《文献通考》等,而草堂颇有藏书,得恣涉猎,学稍进矣。①

梁启超最佩服康有为在教学时所表现出的渊博的知识功底和深邃的洞察力。梁启超说,康有为的讲课以孔学、佛学、宋明学为体,以史学、西学为用,其教旨专在激励气节,发扬精神,广求智慧。"每论一学,论一事,必上下古今,以究其沿革得失,又引欧美以比较证明之;又出其理想之所穷及,悬一至善之格,以进退古今中外;盖使学者理想之自由,日以发达,而别择之智识,亦从生焉。余生平于学界稍有所知,皆先生之赐也。"②梁启超听课其间,心中感觉犹如春苗沐浴在和煦的春光之中,心中有说不出的畅快和欢喜。时间飞逝而过,三四个小时的课程,往往是讲者忘倦,听者也忘倦。虽然对康有为的有些理论,梁启超还一时理解不深透,但他认真听讲,细心揣摩,逐渐掌握了康有为关于历史进化的"三世说"和孔子改制的理论,对康有为的大同思想尤其感到振奋。

梁启超也格外钦佩康有为的爱国情怀。康有为治学的目的是为了救国救民,改造社会,因而他在教学中总是大发求仁义,而讲中外之故,救中国之法,把求知与议论国事紧密结合起来,以激发学生的忧国意识和使命感。梁启超从康有为身上看到了人格的力量,他后来说,康有为讲课,"每语及国事杌陧,民生憔悴,外侮凭陵,辄慷慨欷歔,或至流涕,吾侪受其教则振荡怵惕,憬然于匹夫之责,而不敢自放弃自暇逸,每出则举所闻以语亲戚朋旧,强聒而不舍,流俗骇怪指目之,谥曰康党,吾侪亦居之不疑也"③。在康有为的影响下,梁启超及万木草堂的同学自觉地把个人前途与国家的命运紧密联系在一起,学习之余,常常聚合一处指天画地,议论风生,慷慨激昂,甚至常以救世者自居。

梁启超还十分佩服康有为富有感染力的教学艺术。他说:"其讲演也,如大海潮,如狮子吼,善能振荡学者之脑气,使之悚息感动,终身不能忘;又常反复说

---

①梁启超:《三十自述》,张品兴主编:《梁启超全集》,北京:北京出版社,1999年版,第958页。
②梁启超:《南海康先生传》,张品兴主编:《梁启超全集》,北京:北京出版社,1999年版,第483页。
③梁启超:《南海先生七十寿言》,张品兴主编:《梁启超全集》,北京:北京出版社,1999年版,第5212页。

明,使听者涣然冰释,怡然理顺,心悦而诚服。"①

在万木草堂学习,梁启超惜时如金,刻苦勤奋。按康有为的要求,万木草堂的学生应广泛涉猎古今中外通行之书,对义理之学、经世之学、考据之学、词章之学以及六艺之学、科举之学等都应贯通,包括外国历史、地理、声光化电等知识。梁启超努力地按老师的要求去做,即使是对于他总是难以领悟的佛学,他也认真努力地去学。当然,梁启超的读书绝不是生吞活剥地广播杂收,而是十分注意在学习中用一种思想去贯穿各类知识,这样知识才能学得活,读书才能卓有成效。他认为读书的关键是锻炼思维。在探讨中国古典经书时,他努力从中揣摩中国传统文化中的立人立国之大义,即修身齐家治国平天下的经世之学。在读史时,他致力于以史证经,从历代沿革的史实中去探讨社会改革和人类进化的必然性。由此他在康有为的指导下,读经以《公羊传》《春秋繁露》等为主,读史以《史记》《汉书》《资治通鉴》等为主,兼读外国史。

除了刻苦钻研中国的学术文化之外,梁启超还学习了一些西学书籍。他购得一些江南制造局所译之书、各种星轺日记以及英人傅兰雅所辑之《格致汇编》等书,如获至宝。每当读西书遇到困难时,梁启超"皆就有为决疑滞"②。这样,梁启超终于从对西学一无所知渐渐地转为对西学有了一定的积累。

梁启超读书十分讲究效率。他认为追求读书效率的最佳方法就是勤做笔记,他不仅在听讲时认真做笔记,而且读书必做笔记,诚如他自己所说:

> 读书莫要于笔记。朱子谓当如老吏断狱,一字不放过。学者凡读书,必每句深求其故,以自出议论为主,久之触发自多,见地自进,始能贯串群书,自成条理。经学、子学尤要。无笔记则必不经心,不经心则虽读犹不读而已。③

在勤做笔记的基础上,梁启超比较早地开始进入理论创造和实践阶段。康有

---

①梁启超:《南海康先生传》,张品兴主编:《梁启超全集》,北京:北京出版社,1999年版,第484—485页。
②梁启超:《清代学术概论》,张品兴主编:《梁启超全集》,北京:北京出版社,1999年版,第3099页。
③梁启超:《读书分月课程》,张品兴主编:《梁启超全集》,北京:北京出版社,1999年版,第4页。

为让梁启超和其他学生参与校勘和编纂著作的工作,就是有意识地引导他们把读书与创造结合起来。梁启超很好地注意了这个学习环节。康有为让他担任学长,他在组织和指导同学学习的同时,注意锤炼自己的分析能力,逐步形成自己的思想。梁启超在就学期间还去东莞县冬馆讲学,第一次向社会宣传自己的思想。据当年就读冬馆的张伯桢说:"梁先生于光绪十九年冬癸巳到吾乡讲学,城内墩头街周氏宗祠内,时余才十七岁,从之游。先生命治公羊学,每发大同义理,余思想为之一变,始知所谓世界公理,国家思想。"①梁启超在东莞讲学,也采用了万木草堂的教学方法,让学生课后将读书笔记写入作业簿中。有一次他看到张伯桢的一篇作业很有见地,便批上"贴堂"二字,号召其他同学向张伯桢学习。

康有为对梁启超虚心好学的精神也特别欣赏。他最早安排了陈千秋和梁启超担任万木草堂的学长,让他们协助自己组织和管理万木草堂的教学活动。为了使他们更快成长,康有为又让陈千秋和梁启超组织部分同学参与校勘、编纂《新学伪经考》和《孔子改制考》的工作。康有为的《实理公法全书》和《大同书》的初稿写成,也首先让陈千秋和梁启超秘密阅读。

光绪十七年(1891),梁启超赴京与李蕙仙完婚。据有人考证,李蕙仙真名叫"李端蕙",然梁启超一直称呼她为李蕙仙,以"仙"为称,可见梁启超对妻子的喜爱。②李蕙仙出身官宦家庭,久处京师,与梁启超结婚后,归里谒祖,能谨守妇道,乡党称贤。梁启超家乡茶坑村十分僻陋,但"任公夫人,乃能安之若素,诚可嘉也"③。

对梁启超的结婚,康有为当然是满心欢喜,但他又担心年轻的梁启超会因此纠缠于卿卿我我的家庭小日子,而忘却救国的理想。于是在梁启超启程前夕赋诗相送,语重心长地写下了《送门人梁启超任甫入京》三首:

> 道入天人际,江门风月存。小心结豪俊,内热救黎元。忧国吾其已,乘云

---

① 丁文江,赵丰田编:《梁启超年谱长编》,上海:上海人民出版社2009年版,第21页。
② 夏晓虹:《梁启超墓园的故事》《阅读梁启超》,北京:生活·读书·新知三联书店2006年版,第75页。
③ 卢湘父:《万木草堂忆旧》,夏晓虹编:《追忆梁启超》,北京:中国广播电视出版社1997年版,第176页。

世易尊。贾生正年少,诀荡上天门。

登台惟见日,握发似非人。高立金刚顶,飞行银汉滨。午时伏龙虎,永夜视星辰。碧海如闻浅,乘槎欲问津。

悲悯心难已,苍生疾苦多。天人应上策,却曲怕闻歌。冰雪胎终古,云雷起大河。系辞终未济,吾道竟如何?①

诗中"小心结豪俊,内热救黎元","贾生正年少,诀荡上天门","系辞终未济,吾道竟如何"等句,既是康有为忧国忧民情怀和改革社会志向的真情流露,又倾注了他对梁启超的殷切期待和重托。

梁启超在万木草堂学习了四年。应该说,这四年是他思想骚动的四年,是他一生思想发展奠定基础的四年。从旧学体系中挣脱出来,并形成比较明确的新的思想体系,这需要有一个学习、适应、消化的过程。而在这个过程中,梁启超感到最幸运的就是得到了一位好老师,一位能从思想、学习、生活等各方面给自己以帮助关怀的良师益友。

万木草堂四年的学习生涯,对梁启超一生的影响是十分深远的。他不仅在中国传统文化方面打下了更为坚实的基础,而且学到了一些他以前不曾学到的外国历史文化及自然科学知识。尤其是,这四年的学习,使他明确地树立了参与政治、改革中国的伟大抱负。梁启超于1894年的一首诗中写道:

奇士在世间,即造一世福。
履崇与处庳,所愿乃各足。
新义凿沌窍,大声振聋俗。
数贤一振臂,万夫论相属。
人才有风气,盛衰关全局。

---

① 康有为:《送门人梁启超任甫入京》,姜义华、张荣华编校:《康有为全集》第十二集,北京:中国人民大学出版社,2007年版,第176页。

> 去去复奚为，芳草江南绿。
> 采掇当及时，无为自穷蹙。①

梁启超对万木草堂的生活是终生难忘的。在中国近代社会转型之时代，当千百万学子还埋首制艺，戮力竞进于科举之途时，梁启超能在这样一所新型的学校获得新生，这对梁启超来说是十分幸运的。与康有为相比，虽然梁启超也是在经历了一番周折求索之后才找到了顺应时代潮流的人生目标，但他毕竟比康有为幸运多了。康有为的求索经历充满着孤独困苦，大有孤掌难鸣之凄凉，而梁启超则在年轻时就遇上了康有为这位良师的指点，因而他对老师的感恩之情是刻骨铭心的，是终生难忘的。

三十多年后，梁启超在《南海先生七十寿言》中对万木草堂的学习生活还有一段深情的描写：

> 吾侪之初侍先生于长兴也，徒侣不满二十人，齿率在十五六至十八九之间，其弱冠以上者裁二三人耳，皆天真烂漫，而志气趷踔向上，相爱若昆弟，而先生视之犹子。堂中有书藏，先生自出其累代藏书置焉。有乐器库，先生督制琴竽干戚之属略备。先生每逾午，则升坐讲古今学术源流，每讲辄历二三小时，讲者忘倦，听者亦忘倦。每听一度，则个个欢喜踊跃，自以为有所创获，退省则醰醰然有味，历久而弥永也。向晦则燕见，率三四人入室旅谓，亦时有独造者。先生始则答问，继则广谭，因甲起乙，往往遂及道术至广大至精微处。吾侪始学耳，能质疑献难者盖少有之，则先生大乐益纵，而所以诲之者益丰。每月夜，吾侪则从游焉，粤秀山之麓，吾侪舞雩也，与先生相期或不相期。然而春秋佳日，三五之夕，学海堂、菊坡精舍、红棉草堂、镇海楼一带，其无万木草堂师弟踪迹者盖寡，每游率以论文始，既乃杂遝泛滥于宇宙万有，芒乎沕乎，不知所终极。先生在则拱默以听，不在则主客论难锋起，声往往振林木，或联臂高歌，惊树上栖鸦拍拍起，噫嘻！学于万木，盖无日不乐，而此乐最殊胜矣。②

---

① 丁文江、赵丰田编：《梁启超年谱长编》，上海：上海人民出版社，2009年版，第23页。
② 梁启超：《南海先生七十寿言》，张品兴主编：《梁启超全集》，北京：北京出版社，1999年版，第5212页。

三、一腔豪情志维新

梁启超没有辜负老师的期望。通过万木草堂的学习,维新变法以救国救民的信念在梁启超心中渐趋成熟。在康有为的影响和指导下,他开始注意寻求和联络志同道合的人,以共同传播维新思想,为未来的变法进行组织上、舆论上的准备。他认为广求同志开张风气是当时最为紧要的事情。1891年,梁启超上京结婚应考,他牢记老师康有为"小心结豪俊,内热救黎元"的嘱托,结识了汪康年、夏曾佑、麦孟华、江孝通、谭嗣同等一批具有改革愿望的年轻学者。梁启超与他们多有交往,相互探讨理论,交流看法,议论时政,共同追求着救国的理想。1894年春,梁启超又一次赴京准备明年的会试。对这一次北上的真正意图,梁启超在给夏曾佑的信中是这样说的:"此行本不为会试,弟颇思假此名号所汗漫游,以略求天下之人才……今日之事,以广求同志开倡风气为第一义。"①这一次在北京他依然与那些朋友们沉浸在理论探讨之中。"甲午客京师,交夏曾佑、谭嗣同。曾佑主今文学,嗣同喜经济,先生以大同义与之往复,思心益辟理。"②梁启超后来曾深情地回忆起那交往的一幕幕:

> 我十九岁始认得穗卿(夏曾佑)——我的"外江佬"朋友里头,他算是第一个。初时不过"草草一揖",了不相关,以后不晓得怎样便投契起来了。我当时说的纯是广东官话,他的杭州腔又是终身不肯改的,我们交换谈话很困难,但不久都互相了解了。他租得一间小房子在贾家胡同,我住的是粉坊琉璃街新会馆,后来又加入一位谭复生(谭嗣同),他住在北半截胡同浏阳馆。"衡宇望尺咫",我们几乎没有一天不见面,见面就谈学问,常常对吵,每天总大吵一两场,但吵的结果十次有九次我被穗卿屈服,我们大概总得到意见一致。③

这是一群血性方刚的年轻人。他们处于历史转型的时代而努力寻求救国的真理,他们为了一个又一个的新问题而争论不休,他们的心完全为他们所设计、

---

①丁文江、赵丰田编:《梁启超年谱长编》,上海:上海人民出版社,2009年版,第23页。
②刘盼遂:《梁任公先生传》,夏晓虹编:《追忆梁启超》,北京:中国广播电视出版社,1997年版,第7页。
③梁启超:《亡友夏穗卿先生》,张品兴主编:《梁启超全集》,北京:北京出版社,1999年版,第5207页。

所憧憬的未来而激动不已,也为自己一个又一个幼稚的想法而苦恼。梁启超的新鲜想法也特别多,他曾经想从理论上闯开一条路,以启蒙国人,但却流产于半途。他于1892年在一封给汪康年的信中讲述了他的彷徨:"仆性禀热力颇重,用世之志未能稍忘,然周览天人,知天下事之无可为,惟欲与二三同志著书以告来者,目前之事,半付之青天白云矣。"①

继而在与诸同志读书并纵论时变后,梁启超又产生了新鲜的想法。他认为中国人士寡闻浅见,反对革新,主要原因是由于铁路不通,如果"铁路既兴之后,耳目一新,故见廓清,人人有海若望洋之思,恍然知经国之道之所在,则不待大声疾呼,自能变易,则必无诋排,必无阻扰,然后余事可以徐举,而大局可以有为"。想归想,但该怎么办,梁启超还是陷入迷茫之中,他对汪康年说:"今诸公衮衮因循观望,而我辈坐论莫展一筹,一手一足是岂能挽江河哉?"②

然而,年轻的梁启超最可贵的品质就是勇于追求真理。他的热情,他的蓬勃向上,他的无私无畏,都是根源于这一品质。年轻的想法虽然幼稚,但思想的成熟正是从这幼稚的蜕变中产生的。1924年,当夏曾佑逝世时,梁启超在一篇悼念文章中还深情地回忆了这一动人情景:

> 那时候我们的思想真"浪漫"得可惊,不知从那里会有怎么多问题。一会发生一个,一会又发生一个,我们要把宇宙间所有的问题都解决。
>
> 我们当时认为,中国自汉以后的学问全要不得,外来的学问都是好的。既然汉以后要不得,所以专读各经的正文和周秦诸子。既然外国学问都好,却是不懂外国话,不能读外国书,只好拿几部教会的译书当宝贝,再加上些我们主观的理想——似宗教非宗教、似哲学非哲学、似科学非科学、似文学非文学的奇怪而幼稚的理想,我们的"新学"就是这三种元素混合构成。③

---

① 丁文江、赵丰田编:《梁启超年谱长编》,上海:上海人民出版社,2009年版,第20页。
② 丁文江、赵丰田编:《梁启超年谱长编》,上海:上海人民出版社,2009年版,第20页。
③ 梁启超:《亡友夏穗卿先生》,张品兴主编:《梁启超全集》,北京:北京出版社,1999年版,第5207页。

在探讨新学新理的驱动下,金榜题名在梁启超心目的地位已退居次席了,祖国的前途、民族的命运已经成为梁启超所关注的头等大事。这一变化是惊人的,于梁启超来说又是必然的。假如梁启超无缘结识康有为,未曾经历万木草堂的熏陶,也许他只能成为一个学识渊博的学者。假如梁启超缺乏爱国心和责任感,他也就不可能卷入近代中国变革的波澜,而走上一条坎坷不平的人生道路。但是,历史不是"假如"。面对危机四伏的国难而无动于衷,面对依旧醉生梦死弃国家命运于不顾的清朝统治者而不拍案而起,那他就不是梁启超。

1894年,当梁启超与他的同志们沉浸在苦苦追寻救国之路的读书之中,中日战争爆发,日军步步进逼,清军节节败退。日军相继攻占辽宁、旅顺、大连及辽东半岛,亡国危险迫在眉睫。然而,清廷上下却依旧歌舞升平,甚至在为慈禧太后的六十大寿而大兴土木,设景布点。梁启超们目睹这一切,心急如焚,义愤填膺,但人微言轻,无处表达爱国义愤。另一方面,朝廷一批守旧官员不仅不思进取,反而对康有为的《新学伪经考》大肆攻击,以"惑世诬民,非圣无法"的罪名要求朝廷缉拿康有为。梁启超闻讯更是大为吃惊,他赶紧运动了一批思想较为开明的官僚,为康有为开脱。这场政治风波虽然因此没有进一步酿成灾难,但梁启超从中却领略到了朝廷政治的腐败和变法的艰难。

社会现实就这样将梁启超们浪漫而幼稚的理想击得粉碎。就梁启超而言,刚刚步入社会,这第一门社会实践课就给了他深切的体会。1894年,22岁的梁启超在一首诗中愤怒地写道:

> 怅饮且浩歌,血泪忽盈臆。
> 哀哉衣冠俦,涂炭将何极。
> 道丧廉耻沦,学弊聪明塞。
> 竖子安足道,贤士困缚轭。
> 海上一尘飞,万马齐喑息。
> 江山似旧时,风月惨无色。
> 帝阍呼不闻,高谭复何益。[①]

[①] 丁文江、赵丰田编:《梁启超年谱长编》,上海:上海人民出版社,2009年版,第23页。

教育近代化中的梁启超

诗中忧愤时局,慷慨悲歌,然而又深感人微言轻,报国无门。面对这一黑暗的政治现实,梁启超的人生选择就显得艰难而悲壮了。在这一问题上,没有热情显然不行,但仅有热情也绝对不行。梁启超这时期写下的一首《水调歌头》,很真实地反映了他进行人生选择时的理性思考和志向:

拍碎双玉斗,慷慨一何多!满腔都是血泪,无处著悲歌。三百年来王气,满目山河依旧,人事竟如何?百户尚牛酒,四塞已干戈。

千金剑,万言策,两蹉跎。醉中呵壁自语,醒后一滂沱。不恨年华去也,只恐少年心事,强半为销磨。愿替众生病,稽首礼维摩。①

好一句"愿替众生病,稽首礼维摩",它是梁启超忧国忧民的人生宣言。如果说,梁启超的救国热情和维新理想,在来北京之前还多少是出于年轻人冲动的话,那这时则已在现实的土壤中立定了根基。这一年的深秋,梁启超怀着一种郁结、愤懑的心情离开了北京。半年的北京生活虽然短暂,但它使梁启超开始真实地体验了康有为维新理想的社会价值,开始真实地认识到处于历史转折时期的人生价值。梁启超开始成熟了。

历史证明了梁启超的这一人生选择是认真而严肃的。他一旦决心将理想付诸行动,便犹如一支脱弦之箭,勇往直前。

---

① 梁启超:《水调歌头》,张品兴主编:《梁启超全集》,北京:北京出版社,1999年版,第5476页。

第二章

新义酱沌窍,大声振聋俗

梁启超　1900年

一、维新斗士忧救国

光绪二十一年(1895)春,梁启超与康有为、梁小山等再次北上参加会试。当时正值《马关条约》签订的消息传到北京,在京应试的举人群情激奋。康有为看到"士气可用",便令梁启超四处活动,鼓动各省举人到都察院请愿,上折反对签约。康有为又集合18省举人起草给皇帝的万言书,梁启超等并日缮写,遍传京师。在这史无前例的"公车上书"事件中,梁启超的政治热情和组织才能为众人所瞩目,他作为康有为的助手而成为维新运动领袖的地位也因此奠定。

不久,会试揭榜,梁启超名落孙山。据胡思敬在《国闻备乘》中的记载,主持这次会试的主考官徐桐十分痛恨康有为的维新主张,因而决定对凡是流露有维新倾向的试卷一概摒弃,以堵塞康有为的进取之途。阅卷的副主考李文田看到梁启超气势纵横的试卷,有意录用,但徐桐却断定此卷是康有为的试卷,坚决不同意录用。李文田无奈,遂取梁启超卷,在卷尾批道:"还君明珠双泪垂,恨不相逢未嫁时。"[①]但是,梁启超对此结果并未后悔。清廷政治的腐败导致亡国之危,已使梁启超痛心疾首。他的注意力已完全转到了维新救国的事业之中,他非凡的才华也在这一事业中熠熠闪光。

梁启超最可贵的品质就是他为救国救民而具有的一往无前的精神。虽然此时的梁启超才二十三四岁,初出茅庐,学识尚浅,经验欠缺,但他肯学肯干肯卖气力肯下功夫。"公车上书"之后,梁启超随同康有为留在了北京。虽然这次上书

[①] 胡思敬:《梁启超乙未会试被黜》,夏晓虹编:《追忆梁启超》,北京:中国广播电视出版社,1997年版,第178页。

未能送达光绪皇帝手中,但在社会上却产生了石破天惊的巨大影响。康有为、梁启超看到,要使维新事业真正能在全国形成一股潮流,关键在合大群,开知识,开风气。只有合大群才能力量大,因此,维新事业的主要工作就是宣传教育工作。具体说,就是要积极办报纸,办学会,办学堂。方向一旦明确,梁启超就犹如一支脱弦之箭,全身心地投身于维新宣传工作之中。

梁启超对报纸的宣传作用情有独钟。他认为报刊乃是一个国家的耳目喉舌,西方国家因报务发达,故能做到上下相通,君臣一气,国家因此而日益强盛。如能创办一报刊,通过宣传民众,可以对社会对民众起到"治病""通神"的作用,以达到开民智而雪国耻的目的。要做到这一点,梁启超认为办报应注意从四个方面下功夫:第一要"广译五洲近事",使读者明世界大势,知各国强盛弱亡之原因,而不致夜郎自大,坐井观天;第二要"详录各省新政",使读者认识维新变法的意义;第三要"博搜交涉要案",使读者知国体不立,受人欺侮,律法不讲,为人愚弄,能因此奋励新学,思洗前耻;第四要"旁载政治学艺要书",使读者知一切实学源流门径,不存抱残守缺,死守八股制艺之学。梁启超认为,只要按照这种办法办报,必将达到"风气渐开,百废渐举,国体渐上,人才渐出"[①]的目的。

正因为此,梁启超对办报倾注了极大的政治热情。光绪二十一年(1895)夏秋之际,梁启超与康有为等在北京正式创办了《万国公报》(后改名《中外纪闻》),这在当时是除宫廷报纸《京报》之外唯一的一份民办报纸。其宗旨以介绍西方各国社会政治、历史地理、思想文化及风土人情为主,达到宣传富国强兵之道、国家振兴之源、养民教民之法的目的。该报纸为双日刊,每次发行1000份,委托《京报》发行者"分送朝士,不收报费"。当时北京尚无印刷机器,《中外纪闻》只能托用他人的粗木版雕印。梁启超具体负责办报之事,每日写一篇数百字的论说,虽然言之肤浅,但对初次办报的梁启超来说,却锻炼不小。一个月后,《中外纪闻》发行量竟也增加到3000份。然各类谣言也同时在社会上兴起,即使免费将报纸送至各家,辄怒目以对,遂致送报人也害怕祸及自身,悬重赏也不肯代送。《中外纪闻》共出版了45期,便因北京强学会被取缔而遭封禁。

[①] 梁启超:《论报馆有益于国事》,张品兴主编:《梁启超全集》,北京:北京出版社,1999年版,第67页。

光绪二十二年(1896),梁启超来到上海,与黄遵宪、汪康年等共同创办了《时务报》。《时务报》是旬刊,以宣传"变法图存"为宗旨,梁启超担任主笔,专司撰述,这对梁启超是个巨大的挑战。投身于时代改革的洪流之中,梁启超仿佛有使不完的劲,各色新鲜知识,各种维新主张,经过梁启超的过滤组合之后,便犹如涌泉喷发,从他的笔尖下汩汩流出。据统计,《时务报》共出版了69期,而梁启超在其中发表的文章达60篇之多。梁启超将其激荡的爱国情怀借横溢的才华倾注于笔端,抨击时弊,宣传维新。梁启超的文章,以其纵横捭阖的气势和顺应时代潮流的新思想,为垂危的近代中国吹来阵阵清风,在社会上产生了强烈的震撼力。《时务报》创办之初每期仅印4000余份,半年后便增加至7000余份,一年后达到13000份,最多时竟达17000份,从中便可见《时务报》的社会影响。

光绪二十三年(1897),梁启超南下澳门,在那里创办了《知新报》,由康广仁、何延光任总理,徐勤、何树龄任主笔,自己则兼任撰述。

除了运用报纸这一宣传阵地之外,梁启超还充分发挥了学校这一教育阵地的作用,宣传维新主张,培育维新人才。光绪二十三年(1897),梁启超在经元善、谭嗣同等人支持下,在近代中国第一个发起倡设女子学堂。他在《倡设女学堂启》中呼吁解放妇女,指出美国、日本等国因妇女平权而富强,强调"兴国智民,靡不始此"。他计划先在上海开办女学堂一所,然后逐步推广至各省府州县。他设想在女学堂中开设算学、医学、法学三科,另设师范科,以后还可根据需要开设纺织、绘画等科。在梁启超及维新人士的感召下,澳门何延光创办的澳门大同女学堂于1898年正月正式开学,上海经正女学也于同年农历四月正式开学,广东潮州饶平也在不久开办了一所女子学堂。1897年冬,梁启超应黄遵宪之邀,由上海来到长沙,担任时务学堂的中文总教习。这是梁启超第一次直接参与新式学校教育,他借鉴万木草堂的经验,将时务学堂办成一所宣传维新思想、培育维新人才的新型学校,在湖南引起了强烈的反响。

在维新变法运动中,梁启超发挥了康有为关于组织学会的思想,他认为,当时中国人一般来说还没有达到参与政治所必要的智力水平,利用学会这种形式是将他们联合起来学习的最好办法。而且,从增强国家凝聚力这个角度讲,学会是构成国家建设的一种组织纽带。各种学会形式不仅能将各个不同阶层和职业群体的成员组织起来,而且能通过共同学习使这些成员获得共同的思想,达到"齐万而为一"的目的,这样便可将复杂多样和组织松散的中国社会联合为一个统一的具有凝聚力的社会。正因为这样,梁启超积极协助康有为进行了学会的组织工作。光绪二十一年(1895),康有为在北京发起成立了强学会,梁启超在其中发挥了重要的组织和宣传作用。他不仅负责起草了强学会的组织章程,而且还担任了书记之职。在康有为离京之后,梁启超实际上主持了强学会的日常工作。光绪二十四年(1898)春,梁启超再次进京,协助康有为促成维新运动的高潮。三月初,梁启超与麦孟华联合广东、广西、贵州、浙江等省的百余名举人向都察院上《拒俄变法书》,力言不可割旅大给沙俄。三月下旬,梁启超又协助康有为在北京成立保国会,梁启超在保国会第二次集会上发表了动人心弦的演说,呼吁四万万同胞各竭聪明才力,奋起救亡。

除了以上维新宣传工作之外,梁启超还直接参与了戊戌变法活动。光绪二十四年(1898)四月初,梁启超联合在京百余名举人上书,请废八股取士之制,推行经济六科,以育人才,御外侮。光绪皇帝下诏"明定国是"宣布变法后,梁启超由徐致靖引荐,奉命在总理衙门查看章奏,正式参加新政的筹划工作。五月十五(7月3日),光绪皇帝召见梁启超,听取了梁启超关于提倡西学和设立学校的意见,命他将《变法通议》呈上。光绪皇帝对梁启超的才华和见识大为赞赏,当场赏他六品衔,专办大学堂译书局的事务。不久,光绪皇帝批准了梁启超拟定的译书局章程,以及在上海设立编译学堂的章程和奖励工艺、奖励新器的章程。此外,梁启超还以李端棻的名义,起草了一些推行新政的奏折。

匹夫之责,拳拳之心,梁启超认定的就是维新救国这么一个理。这些年,梁启超处于维新变法运动的漩涡中心,而他本人也围绕着维新变法轴心在不停地旋转。他在不断地鼓动国人同胞为救国而竭尽全力,而他本人也正是这么做的。无论是办报、办学、办学会,他是拼尽全力,义无反顾,例如他在《时务报》担任主笔时就是如此。据梁启超自己回忆:

> 每期报中论说四千余言,归其撰述;东西各报一万余言,归其润色;一切奏牍告白等项,归其编排;全本报章,归其复校;十日一册,每册三万字,启超

自撰及删改者几万字,其余亦字字经目经心。六月酷暑,洋烛皆变流质,独居一小楼上,挥汗执笔,日不遑食,夜不遑息,记当时一人所任之事,自去年以来,分七八人始乃任之。①

梁启超在这种忘我的工作中锤炼着自己,而他的名声也由是噪起,诚如他自己所评价:"甲午挫后,《时务报》起,一时风靡海内,数月之间销行至万余份,为中国有报以来所未有,举国趋之,如饮狂泉。"②梁启超的评价并不夸张,严复在致熊纯如的一封信中说:"任公文笔原是畅达,其自甲午以后,于报章文字,成绩为多,一纸风行,海内观听为之一耸。"③连反对维新运动的胡思敬在《戊戌履霜录》中也说:"当《时务报》盛行,启超名重一时,士大夫爱其语言笔札之妙,争札下之。自通都大邑,下至僻壤穷陬,无不知有新会梁氏者。"④后来的郑振铎在评价他这一时期的文字时说:"像那样不守家法,非桐城,亦非六朝,信笔取之而又舒卷自如,雄辩惊人的崭新文笔,在当时文坛上,耳目实为之一新。"⑤

这些成就来自于梁启超的工作热情,来自于梁启超的爱国信念。1898年夏,他一次饭后与同人约定:

> 吾国人不能舍身救国者,非以家累即以身累,我辈从此相约,非破家不能救国,非杀身不能成仁,目的以救国为第一义,同此意者皆为同志。吾辈不论成败是非,尽力做将去,万一失败,同志杀尽,只留自己一身,此志仍不可灰败,仍须尽力进行。⑥

年轻的梁启超就是在这种信念的支撑下走向成熟,他的教育改革思想也是

---

① 梁启超:《创办时务报原委记》,转引自李喜所、元青:《梁启超传》,北京:人民出版社,1993年版,第57页。
② 丁文江、赵丰田编:《梁启超年谱长编》,上海:上海人民出版社,2009年版,第45页。
③ 严复:《与熊纯如书(三十九)》,王栻主编:《严复集》,北京:中华书局,1986年版,第648页。
④ 胡思敬:《党人列传·梁启超》,夏晓虹编:《追忆梁启超》,北京:中国广播电视出版社,1997年版,第40页。
⑤ 郑振铎:《梁任公先生》,夏晓虹编:《追忆梁启超》,北京:中国广播电视出版社,1997年版,第67页。
⑥ 丁文江、赵丰田编:《梁启超年谱长编》,上海:上海人民出版社,2009年版,第70页。

在这一信念的主导下初露锋芒。

二、救国之本在民智

与当时许多人重视教育的原因一样,梁启超也深深地感到开民智的重要性,但梁启超对这一问题的观察与阐述更为系统,更为深刻。在梁启超看来,开民智的意义已远远超过这一事情本身的含义,它并不仅仅是救亡图存的一种应急措施,而且是社会发展的一种必然。梁启超首先从历史进化的角度阐述了开民智的历史必然性,他发挥康有为"三世说"的理论,认为人类社会是由"据乱世—升平世—太平世"的轨迹进化的。他说:"吾闻之,《春秋》三世之义,据乱世以力胜,升平世智、力互相胜,太平世以智胜。"他列举了人类社会竞胜的史实,得出的结论是:"世界之运,由乱而进于平;胜败之原,由力而趋于智。故言自强于今日,以开民智为第一义。"①

为什么"太平世"之"智"要指向"民智"？梁启超又从另外一个角度,即从人类社会政体发展的角度,认为太平世已进入"民为政之世",不开民智则难行民之政。他说:"治天下者有三世,一曰多君为政之世,二曰一君为政之世,三曰民为政之世。多世之别又有二,一曰君主之世,二曰封建及世卿之世。一君世之别又有二,一曰君主之世,二曰君民共主之世。民政世之别亦有二,一曰总统之世,二曰无总统之世。多君者,据乱世之政也;一君者,升平世之政也;民者,太平世之政也。"②梁启超的这种历史观显得有点粗糙,带有明显的"初创"痕迹。但他据此所要强调的,一是历史进化的本然表现为社会政体的演进,社会政体的演进是由"多君之政"向"一君之政"然后向"民之政"的推进。而民权与民智是相互依存的,要进入"民之政",开民智便是历史必然;二是中国社会正面临着由君主之世向君民共主之世的转变,因而抑君权、伸民权是顺应历史潮流的必然。梁启超认为:

---

① 梁启超:《学校总论》,张品兴主编:《梁启超全集》,北京:北京出版社,1999年版,第17页。
② 梁启超:《论君政民政相嬗之理》,张品兴主编:《梁启超全集》,北京:北京出版社,1999年版,第96页。

> 今日策中国者,必曰兴民权,兴民权斯固然矣。然民权非可以旦夕而成也。权者生于智者也。有一分之智,即有一分之权。有六七分之智,即有六七分之权。有十分之智,即有十分之权。①

又说:

> 有一分之智慧,即有一分之权利;有百分之智慧,即有百分之权利,一毫不容假也。故欲求一国自立,必使一国之人之智慧足可以治一国之事,然后可。今日之中国,其大患总在民智不开。民智不开,人才不足,则人虽假我以权利,亦不能守也。士气似可用矣,地利似可恃矣,然使公理公法、政治之学不明,则虽有千百忠义之人,亦不能免于为奴矣。②

梁启超的这个观点,在于强调民智乃是影响公理公法、政治之学的根本因素,民智不开,公理公法不明,民权便无以伸张,这是具有一定合理性的。虽然社会的现实并不如梁启超想象得那么简单,人的智力高下也往往与所得到的权利画不了等号,但不管怎么说,国民素质的高低终归是社会文明的根本,社会进步的根本力量说到底还是人类的智慧。长期以来,社会上愚弄和压制人民智慧的旧势力还相当强大,因而"开民智"本身就是对旧势力的反抗和斗争。梁启超清楚看到:"是故权之与智相倚者也,昔之欲抑民权,必以塞民智为第一义;今日欲伸民权,必以广民智为第一义。"③这种把提高民族素质作为促进维新变法的总思路,作为追求社会进步根本之途的观点,应该说是绝对正确的。

正由于此,梁启超把开民智视为救国之根本,它既是促进维新变法的重要手段,也是追求社会进步的根本措施。据此,梁启超对如何"开民智"进行了深入探讨,他的观点是,"开民智"应包括三个层次,即开民智、开绅智、开官智。

开民智第一个层次中讲的"民",是指农、工、商、兵及妇女这些占人口十之八

---

① 梁启超:《论湖南应办之事》,张品兴主编:《梁启超全集》,北京:北京出版社,1999年版,第177页。
② 梁启超:《湖南时务学堂札记批》,李华兴等编:《梁启超选集》,上海:上海人民出版,1984年版,第61页。
③ 梁启超:《论湖南应办之事》,张品兴主编:《梁启超全集》,北京:北京出版社,1999年版,第177页。

九的人群。为什么要把开民智的触角深入到社会最底层？梁启超讲了这么一番道理：

> 凡国之民，都为五等：曰士，曰农，曰工，曰商，曰兵。士者学子之称，夫人而知也。然农有农之士，工有工之士，商有商之士，兵有兵之士。农而不士，故美国每年农产值银3100兆两，俄国值2200兆两，法国值1800兆两，而中国只值300兆两。工而不士，故美国每自创新艺，报官领照者，20210事，法国7300事，英国6900事，而中国无闻焉。商而不士，故英国商务价值2740兆两，德国1296兆两，法国1176兆两，而中国仅217兆两。兵而不士，故去岁之役，水师军船，96艘，如无一船，榆关防守兵，几300营，如无一兵。今夫有士者之名，无士之实，则其害且至于此。矧于士而不士，聚千百帖括、卷折、考据、词章之辈，于历代掌故，瞠然未有所见，于万国形势，憒然未有所闻者，而欲与之共天下，任庶官，行新政，御外侮，其可得乎？①

这番话讲得确实有理有据，掷地有声，矛头所向直指传统教育价值观。自古以来，"德成而上，艺成而下"成了一条亘古不变的定律，它制约着传统教育发展，制约着封建士大夫，也制约着广大人民。几千年来，有谁会把科技发展与社会发展联系起来，有谁会把人才与经济发展联系起来？就在这之前30年洋务运动初兴之时，这种重道轻器的价值观依然还是朝野顽固派反对洋务教育的口实。为了阻挠洋务学堂的开办，阻挠自然科学知识进入学堂，山东道监察御史张正藻的理由是："若令正途科甲人员习为机巧之事，又藉升途、银两以诱之，是重名利而轻气节。"②大学士倭仁的理由是："窃闻立国之道，尚礼义不尚权谋；根本之图，在人心不在技艺。"③大理寺少卿王家壁的理由是："今欲弃经史章句之学，而尽趋向洋学，试问电学、算学、化学、技艺学，果足以御敌乎？"④这些理由振振有词，理直气壮，洋务派在这一教育价值观面前，也只有招架之功，无丝毫还手之力。

---

① 梁启超：《学校总论》，张品兴主编：《梁启超全集》，北京：北京出版社，1999年版，第18页。
② 朱有瓛主编：《中国近代学制史料》第一辑上册，上海：华东师范大学出版社，1983年版，第551页。
③ 朱有瓛主编：《中国近代学制史料》第一辑上册，上海：华东师范大学出版社，1983年版，第552页。
④ 朱有瓛主编：《中国近代学制史料》第一辑上册，上海：华东师范大学出版社，1983年版，第579页。

但是梁启超在这里却从经济发展和国家强弱的关系这一角度,通过列举经济产值等数字,通过国别的横向比较,充分阐述了专门人才的举足轻重的社会作用,充分展现了科技教育对国家强盛的重要作用。重道轻器的人才观也就在这些无可辩驳的事实面前丧失了其存在的价值。在中国教育史上,把人才与经济发展的关系揭示出来的,当首推梁启超。这一观点也把开民智的定位指向了教育价值观念的改革,给了人们一个全新的教育视角。

梁启超进而指出,在民族危亡的关头,仿效西法,力图富强,必须大量起用专门人才,以便在外交、商务、法律、军事、医学、工业、管理等各行业推行科学方法,以图革新。但是,遍寻全国,能胜任的专门人才却寥寥无几。"坐是之故,往往有一切新法,尽美尽蕾,人人皆知,而议论数十年,不能举行者。"而一些招商局、海关、工矿只好由洋人盘踞,数十年不能取代。面对这一现实,梁启超叹道:"呜呼!同是圆颅方趾,戴天履地,而必事事俯首拱手,待命他人,岂不为长太息乎!"①

正因为此,梁启超认为中国开民智的任务实在是太重要太急迫了。梁启超以孔子的"以不教战,是谓弃民"为例,强调必须加强对全体国民的教育,以"广其识见,破其愚谬"。梁启超认为,教育国民,应向他们"反复讲明政法所以然之理;国以何而强,以何而弱;民以何而智,以何而愚;令其恍然于中国种种旧习之必不可以立国"②。

在这一个层面,梁启超特别强调了"开女智"的重要性。他认为,妇女"上可相夫,下可教子,近可宜家,远可善种,妇道既昌,千室良善",妇女在开民智中起着相当重要的作用。而且,妇女占人口的一半,她们本身的素质直接关系到国力的强弱。将这半数的人口排除于教育之外,所谓开民智便是一句空话。况且,女子在社会中的作用十分重要。假如女学衰,母教失,必致无业众,智民少。所以梁启超认定:"吾推极天下积弱之本,则必自妇女不学始。"③而中国女子教育落后的根源,梁启超认为是来自不平等的宗法制度。在宗法血缘制度之下,社会视女

---

①梁启超:《学校总论》,张品兴主编:《梁启超全集》,北京:北京出版社,1999年版,第19页。
②梁启超:《论湖南应办之事》,张品兴主编:《梁启超全集》,北京:北京出版社,1999年版,第178页。
③梁启超:《论女学》,张品兴主编:《梁启超全集》,北京:北京出版社,1999年版,第30页。

子为男子的奴隶,奉"女子无才便是德"为信条,并以缠足等劣俗毁其肢体,黜其聪慧,绝其学业,并以闺阃禁锢之,以例俗束缚之,使她们愚昧落后而将她们压入社会的最底层。梁启超对此十分愤慨,他强调欲为大开民智张本,必使妇人各得其自由之权,然后风气可开,名实相符。

开民智的第二个层次是开绅智。梁启超认为,乡绅乃一乡一地有影响有权势之人物。自古以来,历朝统治者皆以本地人为乡官,其虽无权力,却是贯彻官府意图,操办各种饮食、诉讼之事的枢纽。他们对乡里民情十分熟悉,因而在通上下之气、教导乡民、革新风气等方面皆可起到十分重要的作用。但是,梁启超看到,当时中国的乡绅普遍缺乏参政意识,很少了解世界大势和政局变化,民主意识淡薄,办事程序不熟,"不知地方公事为何物"。这种局面不改变,维新变法就不可能深入到社会基层,新政也就不可能落到实处。因而梁启超强调必须改变乡绅无学、无智的现象。他建议,各地应组织学会,把乡绅组织起来,教以他们各种新鲜知识,以及新政办事之条理。只有绅智既开,权限亦定,便可达到"人人既知危亡之故,即人人各思自保之道"[①]的效果。

论及至此,梁启超又进一步指出:"绅权固当务之急矣,然他日办一切事,舍官莫属也。即今日欲开民智,开绅智,而假手于官力者,尚不知凡几也,故开官智,又为万事之起点。官贫则不能望之以爱民,官愚则不能望之以治事。"这里,梁启超提出了开民智的第三个层次,即提高官僚的素质。在社会这个机体中,官僚举足轻重的地位是尽人皆知的,他们的素质高下自然直接关系到治事之效率。然而,当时中国官僚队伍的状况却令人担忧。这支队伍,多为"年齿已老,视茫发苍,习气极深,宦情熏灼,使之执卷伏案,视学究之训顽童,难殆甚焉"。这种状况的造成,完全是传统教育的机制使然。"今我国人士,自其鼓箧之始,即已学非所用,用非所学,及一入宦途,则无不与书卷长别。……中国一切糜烂,皆起于此,而在位者沓焉不自觉。"梁启超指出,今日欲推行新政的障碍正在于此,"如不办事则已,苟办事,则其势不能不委之此辈之手,又不可以其不能办而不办也"。[②]这种状况不改变,中国社会将依然笼罩在保守、愚昧、落后的氛围之中,维新变

---

① 梁启超:《论湖南应办之事》,张品兴主编:《梁启超全集》,北京:北京出版社,1999年版,第179页。

② 梁启超:《论湖南应办之事》,张品兴主编:《梁启超全集》,北京:北京出版社,1999年版,第179—180页。

法根本就是一句空话。所以,梁启超强调,应把开民智的重点放在官僚层,促成他们养成日日读书读报的习惯,不断学习政治和科技方面的新知识,使读书治事,二者并见。

梁启超的这个想法,是企图通过教育的手段,促成朝廷统治成员的自我更新。从追求社会进步的角度看,任何一场社会变革,领导群的素质总是影响变革方向和进程的关键因素。所以梁启超以开官智为龙头,进而促进开绅智、开民智,以有效地提高全民族素质的设想,还是具有合理性的。

三、变通科举废八股

但是,洋务运动开展了三十几年,为什么依然还是人才难出,民智不开?梁启超分析了这么几个原因:

> 不通西文,则非已译之书不能读,其难成一也。格致诸学,皆藉仪器,苟非素封,末由购置,其难成二也。增广学识,尤藉游历,寻常寒士,安能远游,其难成三也。一切实学,如水师必出海操练,矿学必入山察勘,非借官力不能独行,其难成四也。国家既不以此取士,学成亦无所用,犹不足以赡妻子,免饥寒,故每至半途,废然而返,其难成五也。此所以通商数十年,而士之无所凭借,能卓然成异材为国家用者,殆几绝也。①

这五个原因,归纳起来,其实就是两条:一是教育不得法,二是选士不得法,而其中又以第二个原因至为关键。梁启超看到,当时即使是有些学有所成的洋务人才,依旧是"置散投闲,瓠落不用,往往栖迟十载,未获一官;上不足以尽所学,下不足以救饥寒"②。所以他的结论是:"然尝推求本原,皆由科举不变致之也。"③

---

① 梁启超:《学校总论》,张品兴主编:《梁启超全集》,北京:北京出版社,1999年版,第19页。
② 梁启超:《论科举》,张品兴主编:《梁启超全集》,北京:北京出版社,1999年版,第24页。
③ 梁启超:《公车上书请变通科举折》,张品兴主编:《梁启超全集》,北京:北京出版社,1999年版,第162页。

明清科举以八股取士,考以时文制艺,帖括楷法,模拟古人语气,重复着程朱理学的陈词滥调,曾经身受其害的梁启超对这一选才制度深恶痛绝。他认为,八股取士的危害主要有两点:第一,它驱使天下学子学非所用,耗毕生精力于腐儒之文,殚有限年华于无用之学,这些东西于外交、内政、治兵、理财丝毫无用。而国家命运、百姓所托皆系于这帮养于斯、成于斯的庸才之身,岂不可悲。尤其是面对迅猛变化的新形势,朝廷选才依然如故,梁启超气愤地质问:"夫国家之教之,将为用也,教而不用,则其教之之意何取也？生徒之学之,将效用也,学而不见用,则其学之之意何在也？"第二,梁启超认为,八股取士的危害不仅在于选无用之才,而且还在于它是推行君主专制、愚民弃民的工具。八股之制专以割裂、搭截、枯困、纤小、不通之题考试学子,使学子子史不观,正经不读,孔意不明,谬种流传,以致"自考官及多士,多有不识汉唐为何朝,贞观为何号者;至于中国之舆地不知,外国之名形不识,更不足责也"①。靠着这种人去教化万民,当然使农不知植物,工不知制物,商不知万国物产,兵不知测绘算数,妇女无以助其夫,靠着这种人去开通近支王公,近支王公又以何开其学识以为议政之地乎？所以,梁启超尖锐地指出:"故秦始皇之燔诗书,明太祖之设制艺,遥遥两心,千载同揆,皆所以愚黔首,重君权,驭一统之天下,弭内乱之道,未有善于此道者也。"②

面对救亡图存、风气甫开之际,变革科举成当务之急。梁启超在一封信中强调:"虽然科举不变,朝廷所重不在于是,故奇才异能鲜有应者。殚心竭力在京师、上海设一学堂,尚经年不能定。即使有成,而一院百人,所获有几？惟科举一变,海内洗心,三年之内,人才不教而自成,此实维新之第一义也。"③因此,要抑制君权,须废八股取士;要开启民智,须废八股取士。梁启超明确指出:"故欲兴学校,养人才,以强中国,惟变科举为第一义。"④

怎么变？梁启超依据当时的国情,提出了变通科举的上、中、下三策。所谓上策,就是远法三代,近采泰西,合科举于学校,自京师至州县,各办大学小学,聚

---

① 梁启超:《公车上书请变通科举折》,张品兴主编:《梁启超全集》,北京:北京出版社,1999年版,第162页。
② 梁启超:《学校总论》,张品兴主编:《梁启超全集》,北京:北京出版社,1999年版,第18页。
③ 丁文江、赵丰田编:《梁启超年谱长编》,上海:上海人民出版社,2009年版,第40页。
④ 梁启超:《论科举》,张品兴主编:《梁启超全集》,北京:北京出版社,1999年版,第24页。

天下之才,教而后用之。这是一种彻底的改革,以学校的培养人才来取代科举的选拔人才,将培养人才与选拔人才的职能归于一身。这一改革将自明以来的取士之具,取士之法,千年积弊,一旦廓清而辞辟之,则天下之士,靡然向风,八年之后,人才盈廷矣。

若一时不能尽变,则可采用中策,即采用汉唐之法,多设诸科,可设立明经、明算、明字、明法、通礼、技艺、学究、明医、兵法等实学实用之科目,以广揽天下有用之才,促进人们用心于有用之学。

如若还不然,则用下策,也就是在保留目前取士之法的前提下,变革考试内容,废除八股之具,在三场考试中,增设中外史地、声光化电、农矿商兵的专门知识,并加重这些专门知识在考试中的地位,以引导人们向心于实学。

梁启超强调:"上策者三代之制也,中策者汉唐之法也,下策者宋元之遗也。由上策者强,由中策者安,由下策者存。"[①]综合这上、中、下三策,我们可以看到,这实际上就是改革选拔人才制度的近期和远期的目标。梁启超的近期改革目标是废除八股,考以实用知识,而改革的最终目标,是根本废除科举制度,将选拔人才的职能归并于学校,以大力发展学校教育,有效地培养合格人才。这个主张,在当时来讲,是独具慧眼的。即使是康有为,其思想深度也未深入及此。所以,笼统地评价梁启超对科举的态度只限于废八股一个方面,显然是不全面的。

当然,作为维新派的代表人物,梁启超总是想在不改变现存国体的基础上进行社会改革,总是想在社会不发生剧变的前提条件下进行社会改革,因而他不得不考虑选才制度的改革程度对国人的心理承受能力。他的中、下两策正是基于这一考虑的产物。面对几百万的童生和几十万的秀才、举人,如果轻率地在科举制度问题上采取急刹车的做法,自然会引起社会的骚动以及统治集团的坚决抵制,由此可能导致维新运动陷入更为孤立、更为被动的境地,这显然是不明智的。而借科举之具,以行倡实学之举,这对引导数百万封建学子调整学习方向,无疑是极富策略的。所以,梁启超的中下两策在当时来说是具有历史正当性的。

---

① 梁启超:《论科举》,张品兴主编:《梁启超全集》,北京:北京出版社,1999年版,第24页。

而且,梁启超在科举改革的方案中,将上、中、下三策并举,既坚持了批判传统教育制度的彻底性,又考虑了改革传统教育制度的阶段性和灵活性,这个方案应该说是十分完整的。尤其是在这个方案中始终把废八股放在核心地位,正是抓住了传统教育制度的要害,为新式教育的发展铺平了道路。

四、倡兴学校促改革

梁启超认为,开启民智、富强中国的根本措施在于自京师乃至郡县广设学校。他说:"亡而存之,废而举之,愚而智之,弱而强之,条理万端,皆归本于学校。"梁启超的兴学校之意,就是要"采西人之意,行中国之法,采西人之法,行中国之意"[①],即借鉴西方国家的教育模式大力发展中国教育。

梁启超分析了洋务教育收效甚微的原因,主要是"教之未得其道"。其表现主要有如下几个方面:第一,从师资状况看,洋务学堂充斥的洋教习半属无赖之工匠、不学之教士,而华人教习则多半为乡曲学究,余则为留馆毕业生。靠这样的师资队伍欲求异材出于其间是根本不可能的。第二,从教学内容看,洋务学堂舍弃中国传统文化,专习西学,这本身就不完整。加之所授西学的内容又是言艺之事多,言政与教之事少。其所谓艺者,又不过是些语言文字之浅、兵学之末的东西。这种不务其大、不揣其本的做法是不可能培养出具有真才实学的人才的。第三,整个教育体制不配套。如科举之制不改,就学乏才也;师范学堂不立,教习非人也;专门之业不分,致精无自也,故而造成洋务教育虽开办有年,但收效甚微。梁启超气愤地说:"今以国家之所旁求,天下之所侧望,翘首企踵,以谓他日拨乱反正之才,将取于是,而其究竟,乃卒归于未学,此余所以狷狷而悲也。"[②]

针对上述情况,梁启超提出了一系列改革学校教育的建议。他对学校体制、教学内容乃至教学方法,都在批判传统教育的基础上提出了自己的改革主张,其中有不少观点都是新颖独到的。

---

① 梁启超:《学校总论》,张品兴主编:《梁启超全集》,北京:北京出版社,1999年版,第19—20页。
② 梁启超:《学校余论》,张品兴主编:《梁启超全集》,北京:北京出版社,1999年版,第43页。

梁启超在他参与制订的《总理衙门筹议京师大学堂章程》中，主张在全国构建一套完整的学校体系。他建议，以京师大学堂统辖各省学堂，即在京师设立大学堂，各省省会设立中学堂，各府州县设立小学堂，务使全国学校体系脉络贯注，纲举目张。这一思路正确地贯彻了资产阶级维新派关于发展新式教育的思想，坚持从教育体制的层面加速改革，以奠定资本主义教育的基础。

在这里，梁启超特别强调了各地开办中小学堂的重要性和紧迫性。他说："现时各省会所设中学堂尤属寥寥，无以备大学堂前茅之用。其各府州县小学堂，尤为绝无仅有。如不克期开办，则虽有大学堂而数额有限，不能逮下，成就无几。今宜一面开办，一面严饬各省督抚学政迅速将中学堂小学堂开办，各使一年之内，每省每府每州县皆有学堂，庶几风行草偃，立见成效。"①

在梁启超看来，小学教育尤为重要。因为小学教育是培养人才的基础，是广开民智的根本。小学教育的质量如何，直接影响着中学堂、大学堂的发展。所以梁启超强调应在全国上下形成无论贵贱无不入学的氛围。按他的设想，儿童于入学之始教以识字，然后授以普通功课的基础知识，使其对一切学问，大纲节目，略有所闻。自此以往，其有欲习专门者，可更入中学、大学。这样可以帮助国民大之必不为作奸犯科之事，小之亦能为仰事俯畜之谋，有利于消除社会上为盗贼为奸细者、为游手为饿殍者。

要使学校广设，教育普及，师资的培养刻不容缓。梁启超看到，虽然遍布各地的学官、书院山长、蒙馆学究等车载斗量，趾踵相接，然而都是一群不通六艺、不读四史、不知五洲、不识八星的蠢陋野悍、迂谬猥贱之辈。而中国四万万人之才之学之行之识见之志气，皆消磨于此等人之手，求开民智，何可胜道。梁启超还看到，洋务学堂广聘洋人为教习，固能稍解新式教育发展的燃眉之急，但要靠此广设学堂，却万万不行。洋教习的语言不通，翻译不确，对中国文化不了解，薪俸高昂等弊端，都是阻碍新式教育发展的因素。因此，要真正发展新式教育，唯有创办师范学堂，培养新型的教师。梁启超说："欲革旧习，兴智学，必以立师范学

---

① 《总理衙门筹议京师大学堂章程》，朱有瓛主编：《中国近代学制史料》第一辑下册，上海：华东师范大学出版社，1986年版，第655—656页。

堂为第一义。"①按梁启超的设想,自京师至各省府州县皆设小学,而辅之以师范学堂。以师范学堂之生徒,边学习教术边兼任小学教习,这样既可解决广设小学而师资不足的问题,又可着实培养合格师资。师范学堂的课程设置,梁启超参考泰西故事,分为六经大义、历朝掌故、文字源流、列国情状、格致专门、诸国言语等六门,另外专习《学记》,以之为教之道。

学校体制的确立,只是为新式教育的发展奠定了一个基础。新式学堂能不能为开民智服务,梁启超认为还必须抓住教学内容和教学方法的改革。

关于教学内容的改革,梁启超在很多文章中阐述了自己的观点,可以归纳为以下三点:

第一,在中学和西学的关系上,梁启超坚持中西并重,观其会通的原则。他对当时教育界将中学和西学对立起来的倾向十分不满,他说:"中国学人之大弊,治中学者则绝口不言西学,治西学者亦绝口不言中学;此两学所以终不能合,徒互相诟病,若水火不相入也。"在梁启超看来,任何国家的学校教育都不可能尽舍本国之学而能通他国之学。如果一味治理西学,不通中学,必然对中国之情势一无所通,最终所学之物根本不能通行于中国。梁启超的观点是:"中学体也,西学用也,二者相需,缺一不可,体用不备,安能成才。"②

第二,无论中学西学,所选择的内容都必须以经世致用为原则。面对当时国家命运危亡的局势,教育的内容就应该是对救亡图存有用,对维新变法有用。梁启超认为,封建传统教育之错并非在于传授了中学,而在于它所传授的中学仅仅只是帖括、制艺这些无用之学,把中国传统之学的经世致用精神给丢弃了。同样,洋务教育的失败也在于它所传授的西学仅仅只"震其技艺之片长,忽其政本之大法",故并不能培养学生以治天下为己任的信念,反而"只为洋人广蓄买办人才"。要克服这两方面的弊端,"启超谓今日学校,当以政学为主义,以艺学为

---

① 梁启超:《论师范》,张品兴主编:《梁启超全集》,北京:北京出版社,1999年版,第29页。
② 《总理衙门筹议京师大学堂章程》,朱有瓛主编:《中国近代学制史料》第一辑下册,上海:华东师范大学出版社,1986年版,第656页。

附庸"。梁启超认为,西方的科学技术对富国固然重要,但对中国来说,研究西方的政治经验更为迫切。梁启超对比了洋务运动和日本的明治维新,他看到两个国家改革起步的时间相差不大,也都曾经努力发展海军,但中国却失败了,而日本成功了。导致这一结果的根本原因在于日本政治革新的成功,最终保证了科学技术的发展及在与中国军事竞争中的胜利。因此中国的教育内容也应突出政治学说的地位,以适应推进中国政治变革的需要。梁启超说:"故今日欲储人才,必以通习中国掌故之学,知其所以然之故,而参合之于西政,以求致用为第一等。"①

第三,为了普及教育及培养专门人才,梁启超提出了溥通学和专门学的概念。梁启超在主持长沙时务学堂时,就将经学、诸子学、公理学、中外史志及格算等基础知识归为溥通学,要求学生人人皆当通习,又将公法学、掌故学、格算学三门定为专门学,要求学生各选修一门。在制订《总理衙门筹议京师大学堂章程》时,梁启超再一次发挥了这一思想。他提出应将各种人人所当掌握的溥通学知识,按小学、中学、大学程度分别编成功课书。他提出京师大学堂学生在前三年人人当习溥通学10门,并在英语、法语、俄语、德语、日语中自择一门必修,溥通学毕业后进修专门学。在近代教育改革中,梁启超是较早在教学内容上划出阶段性的提倡者。

提倡教学方法的改革,也是梁启超教育改革思想的一个重要内容。梁启超从开民智的角度对中国传统教育的教学方法进行了批判。他认为传统教学最大的弊端在不顾学生的接受程度,不按教学内容的深浅程度,一味填鸭式地向学生灌输。"未尝识字,而即授之以经。未尝辨训,未尝造句,而即强之为文。开塾未及一月,而'大学之道,在明明德'之语,腾跃于口,洋溢于耳。"这种违背儿童心理规律的教学只会使学生以学为苦而疾其师,根本起不到教育的作用。梁启超还认为,传统教学盛行体罚,直接摧残儿童的肢体和智力。他说:"中国之人,有二大厄,男女罹毒,俱在髫年。女者缠足,毁其肢体;男者扑头,伤其脑气。导之不以道,抚之不以术。地非理室,日闻榜杨。教匪宗风,但凭棒喝……"梁启超认为

---

①梁启超:《与林迪臣太守论浙中学堂课程应提倡实学书》,张品兴主编:《梁启超全集》,北京:北京出版社,1999年版,第145页。

这种教育必须改革。他在《论幼学》一文中介绍了西方资本主义国家有关儿童教育的做法,他说:

> 其为道也,先认字,次辨训,次造句,次成文,不躐等也。识字之始,必从眼前名物指点,不好难也。必教以天文地学、地学浅理,如演戏法,童子所乐知也。必教以古今杂事,如说鼓词,童子所乐闻也。必教以数国语言,童子舌本未强,易于学也。必教以算,百业所必用也,多为歌谣,易于上口也,多为俗语,易于索解也。必习音乐,使无厌苦,且和其血气也。必习体操,强其筋骨,且使人人可为兵也。日授学不过三时,使无太劳致畏难也。不妄施扑教,使无伤脑气,且养其廉耻也。①

据此,梁启超专门设计了一张小学教学的功课表,按动静搭配、体脑交叉的原则安排小学一天的作息时间,力求与儿童的身心特点相协调:每日8点钟上学。师生合诵赞扬孔教歌一遍。8点钟授歌诀书,日尽一课,每课诵20遍。9点钟授问答书。日尽一课,不必成诵。次日教师按所问令学生回答。10点钟,单日教算学,双日教图学。11点钟教文法。教师以俚语述意,学生以文言回答。每日5句渐加之10句。12点钟散学。下午1点集合,习体操。操毕,让儿童玩耍不加禁止。2点教西文,日尽一课。3点教书法,中文西文各半小时。每日各20字,渐加之100字。4点教说部书。教师讲解,多少不限。5点散学,师生合诵爱国歌一遍。每10日一休沐。

投身维新运动,是梁启超第一次涉足社会政治活动。无论是办报,办学会,办学堂,都是以教育为手段,干预政治变革,推动维新变法。不仅如此,其政治改革主张的突破口,还是聚焦在教育的改革上。梁启超屡屡建言:"故言自强于今日,以开民智为第一义。""亡而存之,废而举之,愚而智之,弱而强之,条理万端,皆归本于学校。""故欲兴学校,养人才,以强中国,惟变科举为第一义。"这些主张很鲜明地树起了"教育救国"的旗帜,诚如后人所评价:梁启超"自著《变法通议》,批评秕政,而救敝之法,归于废科举兴学校"②。当然,梁启超变革教育的最

---

① 梁启超:《论幼学》,张品兴主编:《梁启超全集》,北京:北京出版社,1999年版,第34页。
② 王森然:《梁启超先生评传》,夏晓虹编:《追忆梁启超》,北京:中国广播电视出版社,1997年版,第29页。

终目的在于政治改革:"吾今为一言以蔽之曰:变法之本在育人才,人才之兴在开学校,学校之立在变科举,而一切要其大成,在变官制。"[1]其矛头直指清廷政治体制改革,可以说梁启超协同康有为将近代的教育改革推向了制度层面。

---

[1] 丁文江、赵丰田编:《梁启超年谱长编》,上海:上海人民出版社,2009年版,第36页。

第三章

誓起民权移旧俗,更研哲理牖新知

梁启超　1902年

一、时务学堂立宗旨

维新变法时期,梁启超不仅从理论上高扬教育改革的旗帜,而且直接参与了教育改革的实践,在长沙时务学堂担任了半年左右的中文总教习。

梁启超在《清代学术概论》中曾说过这样一段话:

> 已而嗣同与黄遵宪、熊希龄等,设时务学堂于长沙,聘启超主讲席,唐才常等为助教。启超至,以《公羊》、《孟子》教,课以札记,学生仅四十人,而李炳寰、林圭、蔡锷称高才生焉。启超每日在讲堂四小时,夜则批答诸生札记,每条或至千言,往往彻夜不寐。所言皆当时一派之民权论,又多言清代故实,胪举失政,盛倡革命。其论学术,则自荀卿以下汉、唐、宋、明、清学者,掊击无完肤。时学生皆住舍,不与外通,堂内空气日日激变,外间莫或知之,及年假,诸生归省,出札记示亲友,全湘大哗。先是嗣同、才常等设南学会聚讲,又设《湘报》(日刊)、《湘学报》(旬刊),所言虽不如学堂中激烈,实阴相策应,又窃印《明夷待访录》、《扬州十日记》等书,加以按语,秘密分布,传播革命思想,信奉者日众,于是湖南新旧派大哄。①

这事发生在光绪二十五年十月至二十六年春(1897—1898)这段时间,梁启超时年 25 岁。长沙时务学堂最初是由王先谦等人呈请设立的。王先谦乃湖南名士,他思想守旧,惧怕维新,其设立学堂本意,是以中学为根底,兼采西学之长。所谓以中学为根底,即向学生灌输千古不易之纲常,以正人心,其实质就是在动

---

① 梁启超:《清代学术概论》,张品兴主编:《梁启超全集》,北京:北京出版社,1999 年版,第 3100 页。

荡的局势下,以维护封建旧学为己任。当时担任湖南巡抚的陈宝箴是个倾向维新的人物,他一直希望创办学堂讲求西学,培植人才,恰逢王先谦的呈请办学的建议,误以为其意也在追求革新人才,不仅当即批准了这个建议,而且积极筹经费,选校舍,请教师,并亲自起草了《招考新设时务学堂学生示》。其所公示的办学之旨,在于使学生"中学既明,西文习熟,即由本部院考取数十名,支发川资,或咨送京师大学堂练习专门学问考取文凭,或咨送外洋各国,分住水师、武备、化学、农商、矿学、商学、制造等学堂肄业。俟确有所长,即分别擢用"。陈宝箴认为:"中国自强之基,诸生自立之道,莫先于此矣。"[1]

基于这一办学宗旨,陈宝箴之子陈三立与黄遵宪、江标等人商议,决定借创办学堂之机延揽天下英杰于湖南,共襄新政。此议又得到谭嗣同的赞许,他特意放弃江苏候补知府一职,回到湖南主持矿务并参与时务学堂的工作。时务学堂由倾向维新的熊希龄出任总理,决定聘梁启超、李维格分别为中文、西文总教习。谭嗣同写信给主持《时务报》的汪康年,极言湘中官绅决计聘梁启超之急迫,之恳切,力言必须放梁启超往湘。当时正在上海的梁启超接到熊希龄等人的信函,决定接受这一职务。

梁启超决定去时务学堂,得到了维新派人士的一致赞同。康有为得知此事也特意赶到上海,对梁启超去湖南的目的取得了统一认识。当时维新派人士对国家局势深感忧虑,大家认为,当时国势陵夷,那拉揽政,至上无权,朝廷官僚一无可望,而列强割地索赔日紧,在这样的形势下,加强维新宣传,壮大维新队伍当是救中国四万万人之唯一出路。而湖南地理条件具有特殊优势,湖南地处中腹,四周不与外国接壤,因而也没有与外国交涉之事,若各国割地相逼,湘中可图自立,其南连西粤,即可拥有海疆。又因陈宝箴之有志,令梁启超入湘,而谭嗣同也弃官返湘,以湘人材武尚气,为中国第一,图此机会,发展维新力量,即使中国被割尽,尚留湘南一片,以为黄种之苗。此一结局固然是揭心痛极之最坏打算,然而斟酌此计划,在湖南发展维新力量,实为仁至义尽之举也。[2]议论至此,悲壮之情弥漫,梁启超更深感肩负责任重大,如何以湘之才用粤之财,则维新力量大增,

---

[1] 朱有瓛:《中国近代学制史料》第一辑下册,上海:华东师范大学出版社,1983年版,第270页。
[2] 丁文江、赵丰田编:《梁启超年谱长编》,上海:上海人民出版社,2009年版,第62页。

他决心通过自己的努力,促成湖南成为中国维新基地,为打通湘粤奠定基础。

当时大家议定的教育宗旨有四种:一为渐进法;二为急进法;三为以立宪为本位;四为以彻底改革,洞开民智,以种族革命为本位。梁启超极力主张采用第二、第四两种宗旨,康有为经过多日思考,最后同意了梁启超的主张。

在赴湘之前,梁启超就对办学事宜做了充分的准备。他决定让万木草堂的同窗韩文举、叶觉迈担任分教习,以合力推进维新人才的培养。他主张采学堂、书院二者之长来规划时务学堂,分内课和外课两种,兼学西文者为内课,用学堂之法教之,专学中学不学西文者为外课,用书院之法行之,并草拟了时务学堂的章程功课。

接着,梁启超草拟了一份《湖南时务学堂公启》,向湖南社会宣告了其办学理想。他站在救亡图存的高度,以磅礴的气势,阐述了时务学堂的使命和意义。他认为湖南守旧风气虽然深重,但也涌现了像魏源、郭嵩涛、曾国藩这样的首倡西学的先行者。况且,只要立志变革,"且如日本前日虽守旧何害,其守愈笃者其变亦愈诚",所以梁启超坚信:"吾湘变,则吾中国变。吾湘立,则中国存,用可用之士气,开未开之民智,其以视今日之日本宁有让焉!"那么,在事变益急之时,梁启超强调,惟有广立学校,培植人才,才是自强之本。所以,"凡我同志,远念敌王所忾之义,近思维桑与梓之情,大为强国保种之谋,小为育子克家之义"[①],都应积极为时务学堂的创办捐资出力。

如何才能培养出维新人才,梁启超借鉴和继承了康有为创办万木草堂的经验,将自己的办学理想融进了他所草拟的《湖南时务学堂学约》之中。梁启超认识到,学习的最终目的在经世,而获得经世之才的基础在修身,修身养性与经世之志是儒家教育的精髓所在。所以,他在学约中向学生立定了十条学则,即立志、养心、治身、读书、穷理、学文、乐群、摄生、经世、传教。这十条学则以经世致用精神为主线,以变法维新为目标,以立志修身为根本,将中国传统的治学立身精神推陈出新,使其富有鲜明的时代特色。

---

①朱有瓛:《中国近代学制史料》第一辑下册,上海:华东师范大学出版社,1983年版,第267—269页。

在梁启超看来,读书治学,首在立志,立志之难,在确立志向。梁启超明确要求学生,如果志在科第,则请从学究以游;如果志在衣食,则请由市侩之道;有一于此,不可教诲。梁启超向学生历数了中国古代知识分子"以天下为己任"的立志传统,他说,"己欲立而立人,己欲达而达人","天下有道,丘不与易",这是孔子的志向;"思天下之民,匹夫匹妇,不被其泽,若已推而纳之沟中",这是伊尹的志向;"如欲平治天下,当今之世,舍我其谁",这是孟子的志向;"做秀才时,便以天下为己任",这是范文正的志向;"天下兴亡,匹夫之贱,与有责焉",这是顾亭林的志向。梁启超强调说:学者苟无此志,虽然年日束身寡过,也不过乡间一小儒,于国于民并无大效。所以,梁启超要求学生在服儒者之服,诵先王之言时,"当思国何以蹙,种何以弱,教何以微,谁之咎欤",要认识到国家危亡乃是"四万万人,莫或自任,是以及此"的严重性,应据此而立定志向。

立志的目的在加强修身,而读书治学正是修身的过程。在梁启超的十条学则中,修身是其核心与灵魂。修身应从三方面着手,即梁启超当时已从西方资产阶级教育思想中朦胧意识到的德育、智育、体育。在十条学则中,其所谓养心、治身,讲的是德育;其所谓读书,穷理、学文、乐群,讲的是智育;其所谓摄生,讲的是体育。

梁启超所强调的德育,是由内外合力作用构成。养心是讲内心的精神修炼,通过道德操守养成一个不败的内在源泉,以抵制外界的各种诱惑,确保人生目标的贯彻。梁启超要求学生通过静坐方式收敛其心,从内心深处立定"忧天下,救众生,悍然独往,浩然独来"的志向,通过破苦乐、破生死、破毁誉的功夫达到"富贵不能淫,贫贱不能移,威武不能屈"的不动心的境界。治身是讲外在行为举止的约束,梁启超要求学生以曾子的"吾日三省吾身"之法对自己的行为举止进行不断的自我反省,从外在行为练就"非礼勿视,非礼勿听,非礼勿言,非礼勿动"的功夫,展示出"定容貌,正颜色,出辞气"的仪表风度。

梁启超十分重视智力教育,他认为中国大众所缺乏的东西正是智力水平。这是近代以来中国蒙受耻辱的根源,因而加强智力教育是复兴中国的重要一步。梁启超所强调的智育是中西并重,知识与能力结合的学习观,他向学生开列的读书内容有儒家经典、中国历史、诸子哲学和西学。在梁启超看来,在时局变异、

外侮交迫之时,不读万国之书则不能通一国之书,但首先要读好中国之书。他说:

> 今与话君子共发大愿,将取中国应读之书,第其诵课之先后,或读全书,或书择其篇焉,或读全篇,或篇择其句焉,专求其有关于圣教,有切于时局者,而杂引外事旁搜新义的发明之,量中材所能肄习者,定为课分,每日一课,经学、子学、史学与译出西书四者,间日为课焉。

这一读书原则不是循传统的章句之学或考据之学之轨道,而是以经世致用为主线,突出了读书的教育意义和时代要求。此外,读书要穷理。穷理讲的是要加强思维训练,尤其是学习自然科学知识,要增思穷理,为将来制新器、辟新学、创新法奠定基础。在读书穷理的基础上,还应练就文字功夫。言之无文,行而不远,学者既以觉天下为任,则文未能舍弃也。梁启超还要求学生乐群。乐群这个概念在荀子学说中就已论及,在《学记》中已对学生的考核提出了明确的要求,但梁启超的"群"似乎不能简单理解为来自传统概念的有机和谐和道德一致的含义,它的意义更多地涵盖着康有为赋予近代"学会"的"学则强,群则强"的含义,更多的是强调中国人集合成或整合成一个具有凝聚力的组织良好的政治实体。梁启超要求学生在学习过程中重视学友之间的相互砥砺切磋,相互取长补短。他主张在时务学堂,每月以数日为同学会讲之期,诸生各出其札记册在堂互观,或有所闻而互相批答,上下议论,各出心得,其益无穷。这既可建设一个良好的学习集体,形成良好的学习风气,又可相观而善,取长补短,共同进步。

梁启超所强调的体育则是劳逸结合,起居定时,日习体操。

修身的目的是为了效用天下,梁启超以经世与传教两条学则勉励学生。所谓经世,即学以致用,学以求治今日天下所当之用。梁启超强调,凡学而不足为经世之用者,谓之俗学,凡学而能通古知今方可言经世。当今中国所患者,无政才也。因此,学中学以经义掌故为主,学西学以宪法官制为归,远法宋代胡瑗经义治事之规,近采西人政治学院之意,当是学生学习的重点。所谓传教,即共矢宏愿,传孔子太平大同之教于万国。传教的目标有两层,一层在四万万中国人之传教,以开民智为自强救国,保种保教;一层在施及九夷,以治天下。传教目标的提出,从表层次看是贯彻康有为的意图,但从深层次看,这种思想则反映了梁启超及当时人们心中深刻的文化危机感。面对中西文化的碰撞和中西力量悬殊的对比,在他们的深层意识中,他们深深感到当时中国面临的挑战不仅是社会政治的问题,而且还有社会文化的问题。这种意识使他们陷入一种矛盾之中,社会政治可以革新,但儒家文化却不可丢失。梁启超看到,西方之所以有今日的近代文明,在于宗教革命,在于文艺复兴,因此中国要富强,要保国,就必须宏扬孔教。

很显然,梁启超所订立的《时务学堂学约》,继承了中国传统"格物、致知、诚意、正心、修身、齐家、治国、平天下"的教育精神,将人格培养放在核心位置。只有具有健康的人格,才可能具有健康的国格。这种从一己做起,推己及人,以至于治国平天下的教育步骤和自我反省自我教育的方法,是中国传统教育的精髓。梁启超给这一传统注入了时代的新内容。

梁启超的这些办学设想,得到了湖南维新人士的赞同和欢迎。熊希龄在一封信中写道:"卓如初至之时,宾客盈门,款待优渥,学堂公宴。王益吾师、张雨珊并谓须特加热闹,议于曾忠襄祠张宴唱戏,晋请各绅以陪之,其礼貌可谓周矣。"在同一封信中还提道:"学规课程应读何书,应习何学,卓如初到湘时,即定有条目,送交各官、各绅,互相传观,群以为可行。"①

二、教学改革勇创新

宗旨既定,接下来的问题便是该如何贯彻实行,这对于初出茅庐且从未主持过学校教育工作的梁启超来说,确实是个更为艰难的问题。梁启超后来谈及在时务学堂教学的情况时曾说过这样的话:

> 当时亦不知学堂,当作何办法也。惟日令诸生作札记而自批答之,所批日恒万数千言,亦与作报馆论文无异。当时学生四十人,日日读吾所出体裁

---

① 丁文江、赵丰田编:《梁启超年谱长编》,上海:上海人民出版社,2009年版,第57页。

怪特之报章,精神几与之俱化,此四十人者,十余年来,强半死于国事,今存五六人而已。①

梁启超的话是可信的。当时的新式学堂刚刚萌芽,它究竟应该是个什么样子,谁心里都没个谱。虽说梁启超在这一时期所阐发的教育改革主张已是一套一套的,但新式学堂该如何办,他心中唯一的感性认识也只有在万木草堂的学习经历。但梁启超毕竟是梁启超,他只认定一条,新式学堂不能像传统官学那么办,那剩下的便是靠他的热情与胆魄去奋斗、去开创了。

梁启超认定学生作札记是读书的有效方法,他就将作札记定为学生学习的主要功夫。他规定了以下几条:第一,凡学生每人必设札记册一本,每日将所读之书的页数详细注明,并将学习心得记于册上。读书心得分两种,一为引申本书之义,一为辩驳本书之义。初入学者心得尚少,可以抄录书中要义及所闻师友之论说于札记以当功课,但必须注明抄录何书及记何人之言。札记册五日一缴,由院长批答。第二,在学堂设一待问箱,学生读书有疑义,用待问格纸写好放入待问箱内,由院长当堂批答榜示。凡所问必须按切古人切问、审问二义,凡其琐屑不经及夸大无当者皆不许问。第三,学堂根据学生读书札记和疑问情况评定分数。分数分六等,最高者三分,依次为二分半、二分、一分半、一分、半分。学生每日最少必须有札记或疑问共两条,达到此标准者记半分,每日札记或疑问不足两条者,不记分,善问者另记分数。第四,评分每月统计一次,30分为及格,超出者给予奖赏,低于27分者记录在案,由下月超出部分扣补。

梁启超知道,学生札记质量如何,与教师的批答质量直接相关,而且教师的批答对学生思想的影响很为关键,所以梁启超将教学的主要精力放在批答学生札记上。梁启超通过批答学生札记,循循善诱,引导学生接受维新变法的思想。在至今保存下来的时务学堂学生札记中处处可见诸如"所问两条,极有条理。第二条自行解析,尤见用心","问得极有心思","通极,就此例以读全书,可见记号之间,无一字无深意","比例精当,见地莹澈"的批语。当杨树谷谈及要及早解决众多无业之人时,梁启超批道:"崇论闳议,见识远大,安插中国乞丐有何法,汝

---

① 朱有瓛:《中国近代学制史料》第一辑下册,上海:华东师范大学出版社,1983年版,第308页。

可即作一议著之日记中。"①这样的评语给学生的引导和鼓励是显而易见的。按梁启超的话说，他所批的学生札记日恒万数千言，亦与作报馆论文无异，这个工作量是够大的了。更要命的是，梁启超白天多要忙于讲授，批答札记的工作只能放在晚上进行，这样通宵达旦工作便成为惯例了。他在给上海的几封信中也都提道："此间之忙，更甚于上海，真无可如何也。"②

学生作札记的目的是为了读书，所以如何指导学生读书是至关重要的。梁启超特地颁布了《时务学堂功课详细章程》及《第一年读书分月课程表》，详细阐述了他的课程改革主张。③

梁启超将时务学堂的课程分为两大类。一类为溥通学，即学生人人皆当通习之科目，它包括经学、诸子学、公理学、中外史志及格算诸学之粗践者。另一类为专门学，即学生每人当深造之专业，它分设为公法学、掌故学、格算学三个门类。如前文所言，将教学内容分为溥通学和专门学，在中国近代教育史中，梁启超是第一人。这里，梁启超已注意到，个人的发展既应具有基本的知识结构，以构成人格的基本素质，又应根据个人兴趣爱好特长具独特的知识特长。这种课程改革思路为近代学制的改革提供了帮助。

对溥通学和专门学，梁启超都规定了需读的专精之书和涉猎之书两类。专精之书指精读之书，学生阅读这一类书必须自始至终认真读完，因而要求按日分课，不许拖延。涉猎之书则指可随意翻阅之书，以开拓眼界，丰富知识，达到触类旁通。梁启超的这一意见，也是别具一格的。梁启超要求，学生每日读专精之书用十分之六时间，涉猎之书用十分之四时间，两者不可偏废。

按梁启超的安排，凡初入学堂的前六个月，皆治溥通学，自第七个月开始，乃各认专门，专门学与溥通学并习。在梁启超制订的《第一年读书分月课程表》里有两个特色十分突出。第一个特色，梁启超所安排的读书内容做到了中西兼顾，

---

① 朱有瓛：《中国近代学制史料》第一辑下册，上海：华东师范大学出版社，1983年版，第310—336页。
② 丁文江、赵丰田编：《梁启超年谱长编》，上海：上海人民出版社，2009年版，第58页。
③ 朱有瓛：《中国近代学制史料》第一辑下册，上海：华东师范大学出版社，1983年版，第298—306页。

政艺并举。在所规定的书目中既有中国古代的儒家经典,又有《万国史记》《日本国志》《泰西新史揽要》《格致汇编》《西国政学事物源流》等书以及天文、地理、重力化汽等自然科学书籍,还有《时务报》《知新报》《湘学报》等报刊。这样的书目内容体现了时代的需要。第二个特色,梁启超指导学生读书,十分注意循序渐进,注意读书先抓本源再求发展。例如,第一个月的读书安排,他让学生先学习《读书法》《礼记·学记》《礼记·少仪》《管子·弟子职》等,意在让学生入学首先掌握学习的方法,求学的纪律及要求,以便为以后的学习奠定基础。第二个月在布置读《春秋公羊传》时,同时在涉猎书目中安排了公法诸书。梁启超认为《春秋》一书皆言内公法外公法之义,故读《春秋》时必须略窥公法之书乃易通也。在掌故门的读书安排中,他首先要学生学习《秦会要》,因为两千年制度多本之于秦,故必以此书为掌故学根源。在格算门中首先安排读《学算笔谭》《笔算数学》,因为这是学算的浅显易入之书。像这样的安排在读书分月课程表中有很多,这些考虑细致入微,可见梁启超办学的认真及独具匠心。

为了帮助学生读书,时务学堂规定院长每五日讲学一次。讲学前,要布告讲演题目。讲学时,由两位高材生做记录员。讲学毕,由两个记录员参与整理,写出清本,抄写两份。一份于学堂张贴,一份存院长处。

为了检验学生的读书效果,时务学堂还规定每月设月课一次。由院长批阅评定成绩,分列等第,给予奖赏,月课成绩也将作为大考成绩统计之用。每季设大考一次,请学堂督办官与绅董共同到堂汇考。季考后,将三个月内的札记册、待问格及课卷三项通同核阅,计算总分。如有功课精进,能自创新理,或自著新书者为异常高等,可另给特加分。所有学生的成绩皆张榜公之于学堂大门,并登《湘学报》《湘报》以示鼓励,对优秀的札记、问格、课卷,每季由学堂抄存刊刻。

这种新颖的教学模式,给时务学堂的学生以耳目一新之感。他们在这样的环境中求学奋进,受益匪浅。唐才质曾在《湖南时务学堂略志》中讲了这么一段话:

> 回想当年同堂诸生,为学求益,事迹至多,其最大者约有如下数端:时务学堂成立,师生情谊融洽无间,诸生有事求教,可往教习室个别谈话,听取训诲,或数人集体会谈,亦无拘束,其获益一也;学堂功课以写札记为常课之

一,忆梁先生初至主讲,甚为振奋,每日在讲堂四小时,夜则批答学生札记,每条或至千言,往往彻夜不寐,诸生阅报听讲,看书自习,遇有心得,可抒意见,教师亦随时批答指导,其获益二也;戊戌春,吾省士夫创始设南学会讲学,假考廉堂为会所,以每星期日为讲期,或谈学术,或论政治,或研讨国内外时事,延揽学者名流,轮流讲演,是年夏历二月初一日为开讲期,官绅士民集者甚盛,时务学堂诸生多往听讲,在学问上与思想上取得极大转变,其获益三也。①

三、鼓吹革命倡民权

时务学堂的学生获益匪浅,除了得益于新颖的教学制度外,更主要的还是得益于时务学堂的办学精神。梁启超从康有为创办万木草堂经验中得到的真传便是在学堂的教学与管理中注意灌注进一种精神,一种不同于传统官学的富有时代气息的精神。而这种办学精神又分明染上了梁启超蓬勃的朝气,因而时务学堂较之万木草堂显得更为激进更为意气风发。

梁启超在《蔡松坡遗事》中提道:

> 我们的教学法有两面旗帜,一是陆王派的修养论;一是借《公羊》、《孟子》发挥民权的政治论。从今日看起来,教法虽很幼稚,但是给同学们的灵气却不小。开学几个月后,同学们的思想不知不觉就起剧烈的变化,他们像得了一种新信仰,不独自己受用,而且努力向外宣传。②

梁启超又在《时务学堂札记残卷序》中提道:

> 丁酉秋,秉三与陈右铭、江建霞、黄公度、徐研甫诸公设时务学堂于长沙,而启超与唐君绂丞等同承乏讲席,国中学校之嚆矢,此其一也。学科视今

---

① 朱有瓛:《中国近代学制史料》第一辑下册,上海:华东师范大学出版社,1983年版,第353页。
② 朱有瓛:《中国近代学制史料》第一辑下册,上海:华东师范大学出版社,1983年版,第309页。

日殊简陋，除上堂讲授外，最主要者为令诸生作札记，师长则批答而指导之。发还札记时，师生相与坐论，时吾侪方醉心民权革命论，日夕以此相鼓吹，札记及批语中，盖屡宣其微言，湘中一二老宿，睹而大哗，群起挤之。新旧之讧，起于湘而波动于京师，御史某刺录札记全稿中触犯清廷忌讳者百余条，进呈严劾，戊戌党祸之构成，此实一重要原因也。①

事实确是如此。梁启超在时务学堂，有一个意气风发的团队。至今我们还能看到一张当年时务学堂教习们的合影（独缺梁启超），从左至右依次为叶觉迈、谭嗣同、王史、欧榘甲、熊希龄、韩文举、唐才常、李维格。虽然照片已历时一百多年，经多次翻拍，但我们依然可感受到这群年轻人的蓬勃朝气和踌躇满志。这是一百多年前我们多灾多难的民族中最智慧、最有担当的那一点精英，他们为了祖国的富强贡献出自己的生命和才智。戊戌变法失败，谭嗣同绝笔高吟"我自横刀向天笑，去留肝胆两昆仑"，走向刑场。1900年，唐才常组织自立军起义失败，高吟着"剩好头颅酬死友，无真面目见群魔"，就义于武昌滋阳湖畔。熊希龄在戊戌变法失败后遭清廷革职管束，民国后任第一任内阁总理。李维格在变法失败后成为汉阳铁厂的主要开拓者，成为我国钢铁冶金界的先驱。欧榘甲、韩文举、叶觉迈在变法失败后流亡日本，继续着维新教育事业。

梁启超有着这样一个志同道合的团队，他才可能在讲堂上，在给学生札记的批答中，宣传着民权主张，鼓动着革命思想。他向学生鼓动说：

"今日欲求变法，必自天子降尊始，不先变去拜跪之礼，上下仍习虚文，所以动为外国讪笑矣。"

"春秋大同之学，无不言民权者，盍取六经中所言民权者编集成书，亦大观也。"

"屠城屠邑，皆后世民贼之所为，读《扬州十日记》，尤令人发指眦裂。故知此杀戮世界，非急以公法维之，人类或几乎息矣。"

---

① 朱有瓛：《中国近代学制史料》第一辑下册，上海：华东师范大学出版社，1983年版，第309页。

"公法欲取人之国,亦必其民心大顺,然后其国可为我者也。故能兴民权者,断无可亡之理。"

"议院虽创于泰西,实吾五经诸子传记,随举一义,多有其意者,惜君统太长,无人敢言耳。"①

梁启超的民权革命思想,给投身到时务学堂的有为学生以极大鼓舞。他们在国运维艰、前途渺茫之时,能到这样一所具有维新思想的新式学堂读书,感到格外的兴奋。在梁启超和其他教习的教导下,时务学堂的学生积极参加了维新活动,许多学生参加了南学会,许多学生在《湘学报》上发表文章。他们通过时务学堂的学习和维新活动的实践,思想开始倾向反清革命。据唐才常在《唐才常和时务学堂》一文中所述:当时学堂中有的同学的救国意念相当坚决,如李炳寰同学说:"我们求学,所为何事?但求起衰振敝,上利于国,下泽于民耳。"林圭同学说:"朝廷纲纪败坏,达于极点,曾(曾国藩)左(左宗棠)诸人掌握兵柄,苟举义旗,则倾覆清室,反掌事耳。舍此不为,坐失良机,宁非大错!吾人今日求学,应以挽救国家为第一要义。"蔡艮寅同学说:"我们求学,是为了探孔教之精蕴,以匡济时艰,应淬励品德,做一个堂堂正正的男子,决不可随俗沉以自污!"②

时务学堂学生的进步,得到湖南力主变法官僚的支持。黄遵宪对时务学堂的学生相当赞许,他在给时务学堂学生李炳寰、蔡锷、唐才质的赋诗中鼓励道:"谬种千年兔园册,此中埋没几英豪。国方年少吾将老,青眼高歌望尔曹。"③

时务学堂的学生在这样的学习中,思想非常振奋,假期回家省亲,将读书札记示以亲友,传播反对清政,以及主张学术革命之积极言论。于是引起湖南社会的震动,旧派哗然,大肆讥议。他们纠合起来,联名上书,指责维新派大倡民权。王先谦聚合一班守旧人士上书,直斥"梁启超及分教习广东韩、叶诸人,自命西

---

① 朱有瓛:《中国近代学制史料》第一辑下册,上海:华东师范大学出版社,1983年版,第286—288页。
② 朱有瓛:《中国近代学制史料》第一辑下册,上海:华东师范大学出版社,1983年版,第355—356页。
③ 朱有瓛:《中国近代学制史料》第一辑下册,上海:华东师范大学出版社,1983年版,第356页。

学通人,实皆康门谬种。而谭嗣同、唐才常、樊锥、易鼐辈,为之乘风扬波,肆其簧鼓。学子胸无主宰,不知其阴行邪说,反以为时务实然,丧其本真,争相趋附,语言悖乱,有如中狂"[1]。宾凤阳等人在上书中说:"自黄公度观察来,而有主张民权之说;自徐砚夫学使到,而多崇奉康学之人;自熊秉三庶常邀请梁启超主讲时为学堂,以康有为之弟子,大畅师说,而党与翕张,根基盘固;我省民心,顿为一变。"他们憎恨梁启超的民权平等说,"试问权既下移,国谁与治?民可自主,君亦何为?是率天下而乱也"。由是他们上书官府,主张对时务学堂从严整顿,他们认为,辞退梁启超,则全省幸甚,学校幸甚。[2]叶德辉等甚至将时务学堂课艺中梁启超等人的批语逐条批驳。"民有权,上无权矣,欲附会六经,六经安有此说?""兴民权只速乱耳,安得不亡?"[3]足可见当时新旧势力斗争的激烈程度。

湖南守旧势力的反扑终于使梁启超在时务学堂难以为继。加之过度的劳累也使梁启超积劳成疾,这样,1898年2月11日,梁启超离开长沙回到上海休养治病。维新变法失败后,时务学堂也终于被迫停办。支持维新变法的一班湖南官员陈宝琛、黄遵宪、江标、熊希龄等全部被革职查办。梁启超半年的主办学堂实践就这样画上了句号,但梁启超的教育才能与时务学堂却因此为世人所瞩目。

---

[1] 朱有瓛:《中国近代学制史料》第一辑下册,上海:华东师范大学出版社,1983年版,第279页。
[2] 朱有瓛:《中国近代学制史料》第一辑下册,上海:华东师范大学出版社,1983年版,第277—278页。
[3] 朱有瓛:《中国近代学制史料》第一辑下册,上海:华东师范大学出版社,1983年版,第287页。

第四章

世界无穷愿无穷,海天寥廓立多时

梁启超与孩子们　1906年

一、亡命海外志益坚

戊戌变法失败,谭嗣同等六名维新志士就义于北京菜市口。梁启超得日本友人相助,于1898年10月乘日本军舰逃离天津。

第一次乘舟泛海,第一次步出国门,但梁启超心中绝无浪漫之情可言。维新变法的失败,成为朝廷通缉犯,未来前途的渺茫,这些突兀而至的厄运横亘于年轻的梁启超面前。浩瀚的渤海,奔腾翻滚的海浪,在落日余晖中更显一派苍茫无际的景象。忧虑与激愤之情也犹如这无边的海浪,在梁启超心中翻腾,一首悲壮的《去国行》便随着东去军舰的颠簸而自梁启超心田中缓缓流出:

> 呜呼,济艰之才兮,儒冠容容,佞头不斩兮,侠剑无功,君恩友仇两未报,死于贼手毋乃非英雄,割慈忍泪出国门,掉头不顾吾其东。
>
> ……
>
> 吁嗟乎!古人往矣不可见,山高水深闻古踪。潇潇风雨满天地,飘然一身如转蓬,披发长啸览太空,前路蓬山一万重,掉头不顾吾其东。①

虽然面临报国无门、壮志难酬之惨况,虽然前面又是山高水深,风雨满天,但梁启超依然喊出了"前路蓬山一万重,掉头不顾吾其东"的时代强音。这绝不是书斋的抒情,也绝不是戏剧舞台的亮相。如果没有真诚的救国志向,身处这等厄

---

① 梁启超:《去国行》,张品兴主编:《梁启超全集》,北京:北京出版社,1999年版,第5415页。

第四章 世界无穷愿无穷,海天寥廓立多时

运之中,是难以唱出如此豪情的。梁启超曾在这年10月给李提摩太的一封信中表白道:"每念地球各国变法之始,无不流血满地,今弟等虽遭此变,而心愈奋锐也。"①这种"奋锐"之情来源于梁启超坚定的救国之志,他说:"先生与吾,志在救世,不顾身家而为之,岂有一跌灰心之理。"②

这种奋锐之情,也来自他的妻子对他的深切理解与支持。戊戌事变,梁启超的家庭也因之遭难,其父及妻子避难澳门。妻子李蕙仙虽然出身仕宦高门,却深深理解和支持丈夫投身维新事业的壮举。梁启超从康有为处得知其妻在遭难之后的态度,大为感动,他在与妻书中动情地说:"南海师来,得闻家中近状,并闻卿慷慨从容,词色不变,绝无怨言,且有壮语。闻之喜慰敬服,斯真不愧为公闺中良友矣。"面对横来之祸,身处患难之际,梁启超与爱妻虽然远隔重洋,却肝胆相照,矢志不渝。在最困难的日子时,他们凭借鸿雁频频传递书信,相互勉励,相互倾注无尽的思念与真情。李蕙仙关心着梁启超的起居饮食,安危冷暖。梁启超担心着李蕙仙的烦恼忧愁,家庭重负。每封信去,梁启超都要关切地询问:"卿日来心绪何如,烦闷否?望告知,想必烦闷不待问矣。然我深望卿之不烦闷也。"李蕙仙想东渡日本,亲自伴随梁启超共渡流亡生涯。梁启超再三考虑,认为身处患难之中,行踪无定,眷属自随,殊为不便。加之家中父母兄弟需人照料,劝李蕙仙暂不东渡。李蕙仙理解了。不久,梁启超也有意让李蕙仙来日,但正好接到康有为要他赴美洲发动海外华侨的信,梁启超两相权衡,对李蕙仙说:"今为大局计,不得不往,故又不能接卿来矣。"李蕙仙理解了。每念及此,梁启超更是对李蕙仙一往情深。他由衷地说:"卿之与我,非徒如寻常人之匹偶,实算道义肝胆之交,必能不负所托也。"在国家与家庭的关系上,梁启超虽然倍加思恋亲人,但他总是把国家利益放在首位。他对李蕙仙说:"卿我之患难交,非犹寻常眷属而已。虽相思甚切,不敢涉私情也,惟望信甚急,乞即写回信,至要。"③情真意切,从中可窥见梁启超博大的胸怀。

梁启超是幸运的,时代赋予了他的爱国热情,使他面对高压而不气馁、不退

---

① 丁文江、赵丰田编:《梁启超年谱长编》,上海:上海人民出版社,2009年版,第107页。
② 丁文江、赵丰田编:《梁启超年谱长编》,上海:上海人民出版社,2009年版,第117页。
③ 丁文江、赵丰田编:《梁启超年谱长编》,上海:上海人民出版社,2009年版,第107—109页。

缩。梁启超是幸福的,爱妻给予了他的真挚情感,使他身陷灾难而能勇气倍增。正因为他的勇往直前,使他在流亡国外期间能够迅速调整自己的心情和奋斗目标。他没有过分地沉湎于变法失败的阴影之中,也没有长久地陶醉于维新英雄的荣耀之中。新的环境,新的世界,使梁启超广泛接触到资本主义文化。过去只是从人们的传闻中,从上海的租界里了解的资本主义世界,如今却真实地展现在他的面前。过去只是从各种小册子中获得各种新鲜的知识,如今是汹涌而至,目不暇接。这一切令梁启超眼界大开,令他兴奋不已。他有如饥渴的学子,贪婪地吮吸着资本主义文化养料。梁启超在赴日后的五年间,又先后出访了檀香山、澳大利亚、美国等地,每到一地他都会为新的兴奋点而激动。对比祖国的现状,反思救国理想,梁启超在不断地更新视野校正方向,他在踏上美国土地后写道:

> 从内地来者,至香港、上海,眼界辄一变,内地陋矣,不足道矣。渡海至太平洋沿岸,眼界又一变,日本陋矣,不足道矣。更横大陆至美国东方,眼界又一变,太平洋沿岸诸都会陋矣,不足道矣。①

这种日新而日进的学习使梁启超更为充实,眼界更开阔,使梁启超由一南国边远地带之"乡人"一变而成了"世界人",他亲身感受到资本主义潮流的震撼,立志改革中国的信念更为坚定。1899 年 12 月 19 日,梁启超自日本横滨登舟,开始了横渡太平洋之旅,他的心情十分激动,高声唱出《二十世纪太平洋歌》:

> 亚洲大陆有一士,自名任公其姓梁。尽瘁国事不得志,断发胡服走扶桑。扶桑之居读书尚友既一载,耳目神气颇发皇。少年悬弧四方志,未敢久恋蓬莱乡。誓将适彼世界共和政体之祖国,问政求学观其光;乃于西历一千八百九十九年腊月晦日之夜半,扁舟横渡太平洋。②

梁启超最可贵的品质在勇于追求真理,在真理面前他乐于否定自己,调整自己。如果说在维新运动时期他的主张观点还主要是依据康有为的思想,主要是在发挥着康有为的主张的话,那么流亡国外后,他开始运用所接触到的新的现

---

① 梁启超:《新大陆游记》,张品兴主编:《梁启超全集》,北京:北京出版社,1999 年版,第 1143 页。
② 丁文江、赵丰田编:《梁启超年谱长编》,上海:上海人民出版社,2009 年版,第 125 页。

代意识、现代理论去阐发自己的见解。即使这些见解较之国内时期的看法已有矛盾,已有修正,但他绝不固守成见,故步自封。这时人们所见到的梁启超是激进的,是坚定的,是朝气蓬勃的。不少的人正是借助梁启超的启蒙宣传,才接触到一点西方资产阶级的社会政治学说,才开始走上了反清革命的道路。梁启超之所以能够做到这一点,在于他学习新思想之时,勇于否定自己。他自己说:"启超平素主张,谓须将世界学说为无限制的尽量输入。"在这一方面,梁启超与他的老师康有为截然不同,正如他所分析的:"启超与康有为最相反之一点,有为太有成见,启超太无成见。其应事也有然,其治学也亦然。有为常言:'吾学三十岁已成,此后不复有进,亦不必求进。'启超不然,常自觉其学未成,且忧其不成,数十年仍在彷徨求索中。"又说:"(启超)保守性与进取性常交战于胸中,随感情而发,所执往往前后矛盾,尝自言曰:'不惜以今日之我,难昔日之我。'"①正是这种不固执成见,服从真理的精神,使他在追求真理的征程中壮心不已,他的《志未酬》便道出了他的这种心声:

  志未酬,志未酬,问君之志几时酬?志亦无尽量,酬亦无尽时。世界进步靡有止期,吾之希望亦靡有止期。众生苦恼不断如乱丝,吾之悲悯亦不断如乱丝。登高山复有高山,出瀛海更有瀛海,任龙腾虎跃以度此百年兮,所成就其能几许?虽成少许,不敢自轻,不有少许兮,多许奚自生?但望前途之宏廓而寥远兮,其孰能无感于余情?吁嗟乎!男儿志兮天下事,但有进兮不有止,言志已酬便无志。②

二、广收博取求奋进

梁启超初居日本,最为感奋的是日本丰富的书籍。他说:

  哀时客既旅日本数月,肆日本之文,读日本之书,畴昔所未见之籍,纷触于目,畴昔所未穷之理,腾跃于脑。如幽室见日,枯腹得酒,沾沾自喜,而不

---

① 梁启超:《清代学术概论》,张品兴主编:《梁启超全集》,北京:北京出版社,1999年版,第3100—3102页。
② 丁文江、赵丰田编:《梁启超年谱长编》,上海:上海人民出版社,2009年版,第174页。

敢自私。乃大声疾呼,以告同志曰:我国人之有志新学者,盍亦学日本文哉。日本自维新三十年来,广求智识于寰宇,其所译所著有用之书,不下数千种,而尤详于政治学、资生学(即理财学,日本谓之经济学)、智学(日本谓之哲学)、群学(日本谓之社会学)等,皆开民智国基之急务也。吾中国之治西学者固微矣。其译出各书,偏重于兵学艺学,而政治资生等本原之学,几无一书焉。①

好学的梁启超面对这意外之喜,真有因祸得福之感,他如饥似渴,全力投身于知识海洋的遨游之中。

为了能广泛涉猎西方资产阶级文化理论,梁启超费时半年首先攻克了日文关。罗孝高在《任公轶事》中提到,当时梁启超欲读日本书,却深受不懂日文的困扰,于是拜罗孝高为师。罗孝高既深通中国文法,又熟练掌握了日文。梁启超请他融会两者求得捷径,因相研索,订出若干通例,使初习日文者能以中国文法颠倒读之,十可通其八九。在这个基础上罗孝高著有《和文汉读法》,虽未美备,然学者得此,亦可粗读日本书。梁启超借助这种方法学习日文,收效颇大。②语言关一旦突破,梁启超犹如一只增添了一副能搏击长空翅膀的苍鹰,在知识的苍穹下尽情翱翔。

梁启超的学习内容十分广泛,凡是他认为有关广民智强国基之急务的学科领域如政治学、经济学、法律学、宗教学、社会学以及自然科学等领域的西方学术专著,他都尽可能地找来阅读。对卢梭、培根、笛卡儿、达尔文、康德、亚当·斯密、孟德斯鸠、亚里士多德、柏拉图、苏格拉底、休谟、哥白尼、瓦特、牛顿、富兰克林等许多著名学者的学说,他都进行了深入的研究。梁启超在一封家书中写道:"我等读日本书所得之益极多极多。他日中国万不能不变法,今日正当多读些书,以待用也。"③在此基础上,梁启超结合中国传统文化和中国社会实际,从政治、经济、宗教、法律、科技等方面提出了许多富有创见的改革理论。

---

①丁文江、赵丰田编:《梁启超年谱长编》,上海:上海人民出版社,2009年版,第115—116页。
②丁文江、赵丰田编:《梁启超年谱长编》,上海:上海人民出版社,2009年版,第115页。
③丁文江、赵丰田编:《梁启超年谱长编》,上海:上海人民出版社,2009年版,第116页。

梁启超深入研究了资产阶级进化论和天赋人权说,认定资产阶级的国家学说、政治学理论是历史的一大进步,资产阶级立宪制取代专制政体是历史发展的必然趋势。他认为,按之公理,凡两种反比例之事物相嬗代必有争,争则旧者必败,而新者必胜,此理势所必至也。他所期望的理想的国家组织,应有利于养成国民之自觉心,应有利于保障人道、人格的尊严,应有利于人才的成长和发展,应有利于唯才是举,参掌政权,应有利于发扬人生之善性,使国民知识可以自由发达,而幸福日增。

梁启超较全面深入地研究了西方资产阶级经济理论,热盼能在中国发展富有活力的民族工业、商业和近代化的农业,建立一套平等、自由的竞争运行机制,实现竞争制约下的资本主义经济体制。据此,梁启超认为应该在中国大力传播西方的经济学理论。他强调,西方的经济学理论始盛于欧洲,仅150年便达磅礴烨灿、如日中天、支流纵横的程度,而我中国人非惟不知研此学理,且并不知有此学科,则其丁兹奇险而漠然安之也,又何怪焉!

先进的西方文化给了梁启超一种全新的追求,他在知识海洋的遨游中,为一种新的理想新的世界所感染所亢奋。梁启超真切地感受到,从到日本以来,广搜日本书而读之,应接不暇,脑质为之改易,思想言论与前者若出两人。他兴奋地说:

> 今日之世界,新世界也,思想新,学问新,政体新,法律新,工艺新,军备新,社会新,人物新,凡全世界有形无形之事物,一一皆辟前古所未有,而别立一新天地。美哉,新法! 盛哉,新法!①

但梁启超心目中的新理想、新世界,绝不是对中国文化的全盘否定,绝不是照搬照抄的全盘西化,而是对中国文化的改造和更新,他明确指出:

> 五年以来,海外之新思想,随列强侵略之势力以入中国,始为一二人倡之,继焉千百人和之。彼其倡之者,固非必尽蔑旧学也,以旧学之简单而不适

---

① 梁启超:《灭国新法论》,张品兴主编:《梁启超全集》,北京:北京出版社,1999年版,第467页。

应于时势也,而思所以补助之,且广陈众义,促思想自由之发达,以求学者之自择。①

在文化观上,梁启超始终坚持"中西并重"的原则,主张在吸收西方文化精华的基础上,给中国文化注入活力。他说:"盖大地今日只有两个文明,一泰西文明,欧美是也;二泰东文明,中华足矣。二十世纪,则两文明结婚之时代也。……彼西方美人,必能为我家育宁馨儿以亢我宗也。"②正是抱着更新中国文化的愿望,梁启超争分夺秒地学习着。

原来长沙时务学堂的学生,有蔡锷、范源濂、林圭、李炳寰等11人,为了追随梁启超,在戊戌变法失败之后,历尽千辛万苦,先后来到日本。梁启超设法将他们安顿下来,组织他们读书学习,共同探讨改革中国的途径。梁启超在《蔡松坡遗事》里记述了这件事:

> 到了戊戌政变,时务学堂解散,我亡命到日本。当时那些同学,虽然受社会上极大的压迫,志气一点不消极。他们中有十一人相约出来找我,可是到上海后一个人不认得,以费了许多手续,慢慢打听,才知道我的住址,能够与我通信。后来我听说松坡到上海住在旅馆的时候,身上不多不少只剩下一百二十个有孔的铜钱。他在还没有得到我的回信之前,也曾进南洋公学,在那里一个多月。其后我接到他们的来信,凑点盘费,让他们到日本来。但是我在那个时候,正是一个亡命的人,自己一个钱都没有,不过先将他们请来,再想方法。他们来了之后,我在日本小石叶久坚町租了三间房子,我们十几个人打地铺,晚上同在地板上睡,早上卷起被窝,每人一张小桌,念书。那时的生活,物质方面虽然艰苦,但是我们精神方面异常快乐,觉得比在长沙时还好。③

这是一种患难与共的师生情,更是一种志同道合的师生情。这些莘莘学子秉

---

① 梁启超:《新民说·论私德》,张品兴主编:《梁启超全集》,北京:北京出版社,1999年版,第718页。
② 梁启超:《论中国学术思想变迁之大势》,张品兴主编:《梁启超全集》,北京:北京出版社,1999年版,第563页。
③ 丁文江、赵丰田编:《梁启超年谱长编》,上海:上海人民出版社,2009年版,第122页。

承着时务学堂的精神,践履着在时务学堂所立定的志向,以振兴国家民族为己任,坚忍卓绝,义无反顾,追寻着真理。1900年唐才常在武汉组织自立军起义,他们中有十人毅然回国相助,其中有八人遇难。侥幸得免的蔡艮寅逃回日本后,将名字改为"锷",立志"砥砺锋锷,复仇雪恨"。

从这群时务学堂学生的身上,梁启超看到了培养人才的重要性。因而他在加强自我学习的同时,还积极创办学校,以招收留学日本的中国青年和各地华侨子女。在这之前,华侨邝汝磐和冯镜如于光绪二十五年(1897)冬在横滨创办了一所大同学校,当时曾邀请梁启超前往任教,因康有为反对而未果。梁启超亡命日本后,经常与当年万木草堂的同窗、现任大同学校校长徐勤共同商讨办学方针。其后,梁启超又与神户华侨麦少彭等于光绪二十七年(1899)春在神户创办了同文学校。梁启超热心办学的目的,完全是为多多培养人才而考虑。他看到来日本商旅的中国人达数千之众,如能办一所学校,让华侨子弟读书其间,"近采泰西、日本教育之法,立学横滨,号以大同,庶几孔子选贤与能,讲信修睦之治,萌芽于兹。以孔子之学为本原,以西文、日文为通学,以中学、小学章程为课则"①,那么他们在学业期满后,还可入高等学校、大学校、海陆军学,以通其专门之学。杨维新在回忆中说:"日本横滨、神户两埠华侨子弟教育,先生提倡者甚多。横滨之大同学校,神户之同文学校,均于先生亡命到日本后设立。"②

1899年9月,梁启超又得华侨郑席儒、曾卑轩等资助,于东京开办高等大同学校。他在《东京高等大同学校公启》一文中说:

> 政变以来,内地学校停废过半。而海外忠义之士,愈增蹈厉,横滨大同学校负笈者蒸蒸日盛,而神户继之,新加坡继之,泗水继之,域多利继之,其余筹划开办者,各埠响应。中原文献,盛于海隅,斯实诸君子好义急公之苦心,抑亦我国家转弱为强之起点也。

> 然就学者期于大成,任事者贵在进步,合群并举,则声气易通,拾级以

---

① 梁启超:《日本横滨中国大同学校缘起》,张品兴主编:《梁启超全集》,北京:北京出版社,1999年版,第323页。
② 丁文江、赵丰田编:《梁启超年谱长编》,上海:上海人民出版社,2009年版,第121页。

升,则高才益功。故今者大同总学校之设,有不容缓者盖四端焉:横滨学校开设既已经年,生徒精进,成就者不少。而地方有限,教师有限,未能多分班数。故当设高等学校,使高才生以次递升,则教者不致太劳,而学者亦易获益,此高等学校必宜设者于一也。神户及南洋、美洲各埠,学校相继踵设,其规模与横滨略同,一二年后卒业生徒,皆尚递进,不可无一校以容之,此高等学校之必宜设一总区,选其英才,伴得卒业,此高等学校必宜设者三也。内地俊秀子弟怀奇才拖远志,自备资斧游学海外者,不乏其人,此辈大率皆已通中国学问及寻常普通学者,必有专门高等学校乃能助其大成,此高等学校之必宜设者四也。①

东京高等大同学校由梁启超亲任校长,日人柏原文太郎任总干事。教师除了梁启超、徐勤等人外,还聘有六名日本人任教。学校所开课程有世界文明史、政治学、伦理学、泰西学案、人群发达史、中外哲学、中外时事、日本语言文字学、诸生札记、日本各学校讲义等。梁启超根据自己的学习体会,向学生传授了大量的西方资产阶级学说,以开拓学生的眼界。此外,向学生传授中国历史,也是梁启超的重要教学内容。例如,他于光绪三十年(1904)写成的《中国之武士道》,采用新理想以评论中国古代人物,以作为学校课外讲读之教材。

三、创办《清议报》《新民丛报》

除了读书和办学,梁启超在救国维新的活动中,干得最欢,也是影响最大、最有成效的事业还是办报。梁启超的优势在宣传,而得以让他施展拳脚的最好舞台便是报纸。梁启超借助这些阵地,用他那支生花之笔,热情宣传着欧美资产阶级的政治、经济、思想文化,宣传着中国维新变法理想,宣传着时代青年意气风发的人生追求。

光绪二十五年(1898)冬,梁启超到达日本不久,便依靠华侨冯镜如、冯紫珊、林北泉等人的资助,在横滨创办了《清议报》。《清议报》为旬刊,每10天出一期,

---

①丁文江、赵丰田编:《梁启超年谱长编》,上海:上海人民出版社,2009年版,第120—121页。

每期40页,内设栏目有日本及泰西论语、万国之近事、政治小说、杂文、诗文等。按梁启超在该报第一期所刊《清议报叙例》中所说,《清议报》的宗旨有四:一、维持中国之清议,激发国民之正气;二、增长中国人之学识;三、交通中国、日本两国之声气,联其情谊;四、发明东亚学术以保存亚粹。①

这个宗旨比较平和。当时康有为还在日本,他规定报章只可抨击西太后、荣禄、袁世凯等,不得攻击清政府。然而实际上,随着梁启超思想的奋进,《清议报》的锋芒所向,直接抨击着清朝政府和君主政治。于是这里出现了一段小插曲。有一次,《清议报》刊载了谭嗣同的《仁学》以及一篇译述日本人的文章,内有排斥清朝的论调,为康有为所见,于是命令将报纸撕毁重印,并且告诫梁启超切勿忘了清朝皇帝的圣明,以后切宜谨慎从事。待到康有为离开日本赴加拿大,梁启超与欧榘甲等人渐渐与孙中山、杨衢云、陈少白等革命党相往还,意气日盛,因而高唱自由平等学说。此后梁启超的文章对清朝统治集团的腐朽、昏庸卖国、独裁揭露得淋漓尽致,入木三分。与此同时,他还大谈民权,介绍西方资产阶级民主学说,讲破坏,谈革命,其思想激烈程度与革命派的主张几乎一致。梁启超因此自号"饮冰室主人",题其学说曰《饮冰室自由书》,颇为世人欢迎。原来梁启超有别号曰任厂,至是亦改称"任公",以示脱离康氏羁绊之义。"盖康门徒侣多以厂字相称,即为源出康门之标记,梁此举即所以表示其决心也。"②

也正由于此,《清议报》行销日本、南洋、朝鲜、欧美及澳大利亚等地,在中国本土虽遭清政府禁止,但其销售量也一直居首位。该报共出100期,而梁启超在其中发表的文章在100篇以上。光绪二十七年(1901)十一月,《清议报》出版第100号,梁启超在该号发表了《清议报一百册祝辞并论报馆之责任及本馆之经历》一文,阐述了《清议报》的四大特色:

> 一曰倡民权;始终抱定此义,为独一无二之宗旨。虽说种种方法,开种种门径,百变而不离其宗,海可枯,石可烂,此义不普及于我国,吾党弗措也。

---

① 丁文江、赵丰田编:《梁启超年谱长编》,上海:上海人民出版社,2009年版,第111页。
② 冯自由:《革命逸史》,夏晓虹编:《追忆梁启超》,北京:中国广播电视出版社,1997年版,第202页。

二曰衍哲理：读东西诸硕学之书，务衍其学说，以输入于中国，虽不敢自谓有所得，而得寸则贡寸焉，得尺则贡尺焉。《华严经》云：未能自度，而先度人，是为菩萨发心，以是为尽国民责任予万一而已。

三曰明朝局：戊戌之政变，己亥之立嗣，庚子之纵团，其中阴谋毒手，病国殃民，本报发微探幽，得其真相，指斥汉奸，一无假借。

四曰厉国耻：务使吾国民知我国在世界上之位置，知东西列强待我国之政策，鉴观既往，熟察现在，以图将来，内其国而外诸邦，一以天演学，物竞天择，优胜劣败之公例，疾呼而棒喝之，以冀同胞之一悟。

此四者，实惟我《清议报》之脉络之神髓，一言以蔽之曰：广民智，振民气而已。①

当然，这样激进的宣传也自然带来了报纸的被迫关闭。梁启超后来说："戊戌八月出亡，十月复在横滨开一《清议报》，明目张胆，以攻击政府，彼时最烈矣。而政府相疾亦至，严禁入口，驰至内地断绝发行机关，不得已停办。"②

《清议报》停刊不久，光绪二十八年（1902）正月，梁启超又在横滨创办了《新民丛报》。梁启超此时的思想正值巅峰，《清议报》的成功更使梁启超信心倍增，一往无前，力图要在办报事业上再上一个台阶，将《新民丛报》办出新的特色，为中国报界树立一个榜样，闯出一条新路。梁启超在创刊号的告白中写道："其果能有助于中国之进步与否，虽不敢自信，要亦中国报界前此所未有矣。"③为了达到这一目的，梁启超阐述了三条办报宗旨：

一、本报取《大学》新民之义，以为欲维新吾国，当先维新吾民。中国所以不振，由于国民公德缺乏，智慧不开，故本报专对此病而药治之，务采合

---

① 丁文江、赵丰田编：《梁启超年谱长编》，上海：上海人民出版社，2009年版，第173页。
② 丁文江、赵丰田编：《梁启超年谱长编》，上海：上海人民出版社，2009年版，第110页。
③ 丁文江、赵丰田编：《梁启超年谱长编》，上海：上海人民出版社，2009年版，第179页。

中西道德以为德育之方针,广罗政学理论,以为智育之根本。

二、本报以教育为主脑,以政论为附从。但今日世界所趋重在国家主义之教育,故于政治亦不得不详。惟所论务在养吾人国家思想,故于目前政府一二事之得失,不暇沾沾词费也。

三、本报为吾国前途起见,一以国民公利公益为目的。持论务极公平,不偏于一党派;不为灌夫骂坐之语,以败坏中国者,咎非专在一人也。不为危险激烈之言,以导中国进步当以渐也。①

这一宗旨较之《清议报》,其宣传民众、开启民智的意向更为突出。在栏目设计上,梁启超注意了教育的广泛性,以适应人们的多方需求,比如图画、论说、学说、时局、政治、史传、地理、教育、宗教、学术、农工商、兵事、财政、法律、国闻短评、名家谈丛、舆论一斑、杂俎、问答、小说、文苑、绍介新著、中国近事、海外汇报、余录,等等,呈现着知识面广、形式活泼的鲜明特色。

《新民丛报》每半月一期,遇朔望发行。为了真正实现开启民智、振奋民气的目的,梁启超不遗余力,积极为其撰稿。他自己曾说:"此间自开《新民丛报》后,每日属文以五千言为率,因此窘甚。无论何处之书,动多阁不能复,诚无如何也。"②此话不假,梁启超在创办《新民丛报》时,热情十足,精力过人,他撰写文章常常是几天不睡,直到完成才休息睡觉。每篇论文字数常常达到数万言,乃至十数万言,经常手持文稿笑着对弟子辈曰:"汝辈玩了两日,吾乃成书一本,吾睡觉去矣。"平日里喜欢邀集弟子数辈,围坐杂谈,谈必竟夕;先从文艺以迄学术源流,古今人物,世界趋势,最后乃及于鬼物一二事。至此众人皆莞尔相对而笑,知其话篓将尽,此时天亦大亮了。仆人端点心进,乃各啖毕归休。③梁启超正是以这种忘我的工作,借助这一宣传阵地,将西方资产阶级的思想学说,结合中国社会

---

① 丁文江、赵丰田编:《梁启超年谱长编》,上海:上海人民出版社,2009年版,第180页。
② 丁文江、赵丰田编:《梁启超年谱长编》,上海:上海人民出版社,2009年版,第180页。
③ 超观:《记梁任公先生轶事》,夏晓虹编:《追忆梁启超》,北京:中国广播电视出版社,1997年版,第54页。

改革实际,标新立异,别开生面,逐渐构筑成自己独特的文化体系,从而也奠定了梁启超 20 世纪初文化伟人的地位。

在文章形式上,梁启超也力求活泼新颖,不落俗套。他在《清代学术概论》中曾这样说过:

> 自是启超复专以宣传为业,为《新民丛报》《新小说》等诸杂志,畅其旨义,国人竞喜读之,清廷虽严禁不能遏。每一册出,内地翻刻本辄十数。二十年来学子之思想,颇蒙其影响。启超夙不喜桐城派古文,幼年为文,学晚汉、魏、晋,颇尚矜炼,至是自解放,务为平易畅达,时杂以俚语韵语及外国语法,纵笔所至不检束,学者竞效之,号新文体。老辈则痛恨,诋为野狐。然其文条理明晰,笔锋常带感情,对于读者,别有一番魔力焉。①

梁启超的话并不夸张,平易畅达,纵笔所至,笔锋常带有感情,这就是梁启超的文风。胡适就曾经说过这样的话:"梁先生的文章,明白晓畅之中,带着浓挚的热情,使读的人不能不跟着他走,不能不跟着他想。"②黄遵宪当时在给梁启超的信中也对此予以了高度的赞扬:"《清议报》胜《时务报》远矣,今之《新民丛报》又胜《清议报》百倍矣。惊心动魄,一字千金,人人笔下所无,却为人人意中所有,虽铁石人亦应感动,从古至今文字之力之大,无过于此者矣。"③更有甚者,"时科举方改试策论时务,故应试者亦多借《新民丛报》为蓝本。其文字之势力,乃遍于学堂之学生,科场之士子。厥后报纸繁兴,凡杂志上作长篇论文者,大抵规抚梁氏,即在今兹之日报中,梁氏文脉之余势增未尽衰"④。

这些评价证明了梁启超的努力是成功的。他以求新善变的文化素养和敏锐的思想洞察力,加上他那支生花妙笔,《新民丛报》的影响力大大扩展。《新民丛报》自 1902 年至 1907 年共出版 96 期,销售量直线上升。《新民丛报》发刊不久,

---

① 梁启超:《清代学术概论》,张品兴主编:《梁启超全集》,北京:北京出版社,1999 年版,第 3100 页。
② 胡适:《四十自述》,夏晓虹编:《追忆梁启超》,北京:中国广播电视出版社,1997 年版,第 210 页。
③ 丁文江、赵丰田编:《梁启超年谱长编》,上海:上海人民出版社,2009 年版,第 181 页。
④ 彬彬:《梁启超》,夏晓虹编:《追忆梁启超》,北京:中国广播电视出版社,1997 年版,第 19 页。

每月销量便按1000份的速度递增,至1903年已增加到9000份,后又达1.4万份,仅国内发行点就有97个,遍布各地49个县市。

几乎和《新民丛报》同时,1902年10月,梁启超又创办了《新小说报》。以刊载小说为专门职能的刊物,这在中国还是第一个。梁启超认为,自古以来,小说对社会观念和人们的思想影响巨大。他说:"吾中国人状元宰相之思想何自来乎?小说也。吾中国人佳人才子之思想何自来乎?小说也。吾中国人江湖盗贼之思想何自来乎?小说也。吾中国人妖巫狐鬼之思想何自来乎?小说也。"因此,"欲新一国之民,不可不先新一国之小说。故欲新道德,必新小说;欲新宗教,必新小说;欲新政治,必新小说。"①这个观点颇有见地,梁启超正是想发挥文艺这个武器,鼓吹革命,维新国民。他自己也曾在《新小说报》上以小说体裁发表了《新中国未来记》。小说中的国号为大中华民主国,理想的开国纪元在1912年。其所设想的第一任大总统取名为罗在田,第二任大总统取名为黄克强。梁启超后来说:"当时固非别有所见,不过办报在壬寅年,逆计十年后大业始就,故把言大中华民主国祝开国五十周年纪念,当西历一千九百六十二年。由今思之,其理想之开国纪元,乃恰在今年也。罗在田者,藏借德宗之名,言其逊位也。黄克强者,取黄帝子孙能自强立之意。"②

四、吾爱真理爱自由

光绪二十八年(1902)正月,梁启超30岁了。生日那天,他正行进在日本东海道的路上。汽车蜿蜒向前,使梁启超更有时光荏苒之慨,心中自然流出了四句:

风云入世多,日月掷人急。
如何一少年,忽忽已三十。③

---

① 梁启超:《论小说与群治之关系》,张品兴主编:《梁启超全集》,北京:北京出版社,1999年版,第884—885页。
② 丁文江、赵丰田编:《梁启超年谱长编》,上海:上海人民出版社,2009年版,第196页。
③ 丁文江、赵丰田编:《梁启超年谱长编》,上海:上海人民出版社,2009年版,第181页。

教育近代化中的梁启超

"如何一少年,忽忽已三十",这里的潜台词分明还是一个少年心态。这倒不是梁启超对时光的抗拒,而是在这三十年间,梁启超的经历过于曲折,然也过于丰富多彩。新的时代,新的世界,令梁启超始终充满着对生命的好奇和期待,使他的心里始终感觉还是一个正在成长的少年。"冰心惯住热世界,老国从思新少年。"①一个月前他在从澳洲返回日本的船上所吟咏的这两句诗正表达了此时梁启超的心情。

少年是敢于奋进的,少年也是敢于不断地否定自我的。正是在这个月,梁启超撰写了《保教非所以尊孔》一文②。在康有为影响下,维新变法时期的梁启超是主张保教的。他当年在给康有为的信札和发表在《时务报》的文章中,都屡次提到了传教和保教的主张。在《复友人论保教书》中,他甚至倡导在各地成立保教大会。他看到推动维新运动的重要举措在成立学会,而保教正可成为合群之基础。但当他听了黄遵宪、严复等人"教不可保"的观点后,思想还是受到了触动,朦胧地意识到一味人为地宣扬保教,对民主的推行和民智的启蒙具有不利的影响。③在流亡海外,经过三年多欧美学说的洗礼后,梁启超觉得这个问题应该重新加以审视。因此他在文章开头便开门见山地提出:"此篇与著者数年前之论相反对,所谓我操我矛以伐我者也。今是昨非,不敢自默,其为思想进步乎?抑退步乎?吾欲以读者思想之进退决之。"这就是梁启超对待真理的态度。

梁启超在文章中首先质疑了"保教"这个口号的真实性问题。梁启超指出:"近十年来,忧世之士,往往揭三色旗帜以疾走号呼于国中,曰保国,曰保种,曰保教。其陈义不可谓不高,其用心不可谓不苦。"然三者之中,保国才具有实质意义,保国才能保种,"国能保,则种自莫强;国不存,则虽保此奴隶牛马,使孳生十倍于今,亦奚益也"。至于保教,于保国和保种并无直接关联。况且,"保教"意念

---

① 丁文江、赵丰田编:《梁启超年谱长编》,上海:上海人民出版社,2009年版,第181页。
② 梁启超:《保教非所以尊孔》,张品兴主编:《梁启超全集》,北京:北京出版社,1999年版,第765—770页。
③ 丁文江、赵丰田编:《梁启超年谱长编》,上海:上海人民出版社,2009年版,第50—51页。

本身,乃在将某种思想视为正统,而排斥其他思想,并以此主导社会和世人,这与近世文明法律之信教自由原则相违背。从中国历史看,这种保教的口号长期以来都成为思想专制的旗号。

梁启超指出,人类文明的进步,根本原因在于思想自由。欧洲近代的进步乃于"古学复兴,脱教会之藩篱,一洗思想界之奴性";中国战国时期学界之光明,人物之伟大,"盖思想自由之明效也"。然秦汉以后,思想窒于一家,特别是独尊孔子后,每一朝都在行使着"表章某某,罢黜某某","以为一贯之精神",其后果便是思想的专制,"故正学异端有争,今学古学有争,言考据争师法,言性理则争道统,各自以为孔教,而排斥他人以为非孔教"。在专制政治的钳制下,于是学术界"暧暧姝姝,守一先生之言,其稍有在此范围外者,非惟不敢言之,抑亦不敢思之"。这样的保教哪里是在尊孔,根本就是违背孔子自由之精神。梁启超气愤地说:"孔子之所以为孔子,正以其思想之自由也。而自命为孔子徒者,乃反其精神而用之,此岂孔子之罪也?呜呼!居今日诸学日新、思潮横溢之时代,而尤以保教为尊孔子,斯亦不可以已乎!"

梁启超看到,至近代以来,人们为取近世新学新理,皆以孔教附会之。曰某某者孔子所已知也,某某者孔子所曾言也,"夫孔子生于二千年以前,其不能尽知二千年以后之事理学说,何足以为孔子损"。梁启超指出,这种做法实质上是"重诬孔子而益阻人思想自由之路也",这些人将新学新理比附于孔子,"是所爱者仍在孔子,非在真理也。万一遍索之于四书、六经,而终无可比附者,则将明知为铁案不易之真理,而亦不敢从矣"。

梁启超的分析是击中要害的。孔子的学说是无须通过保教来得以推行的,只要它具有生存价值,它就必然为世人所瞩目所推崇。梁启超强调,孔子的教育学说,根本点在"其所教者,人之何以为人也,人群之何以为群也,国家之何以为国也,凡此者,文明愈进,则其研究之也愈要",孔子的教育学说在将来世界德育之林,必占一最重要之位置。除非"世界若无政治、无教育、无哲学,则孔教亡;苟有此三者,孔教之光大,正未艾也。持保教论者,盍高枕而卧矣"。

梁启超的观点倾向也是十分明确的,那就是追求思想自由,思想解放。特别是在追求一个新时代和新世界之时,思想解放尤为重要。他明确宣示:"故吾最恶乎舞文贱儒,动以西学缘附中学者,以其名为开新,实则保守,煽思想界之奴性而兹益之也。我有耳目,我有心思,生今日文明灿烂之世界,罗列中外古今之学术,坐于堂上而判其曲直,可者取之,否者弃之,斯宁非丈夫第一快意事耶?"

这就是梁启超对自己的宣战,以今日之我对昨日之我的宣战,以成长之我对幼稚之我的宣战。"今是昨非,不敢自默",这就是梁启超。

当然,梁启超对自己的宣战,客观上也是对康有为保教主张提出了挑战,因而引起了康有为极大的不满。为此,梁启超数度给康有为去信,阐述自己的观点。从这些信的内容看,梁的意见主要有以下几点:第一,从目前各地华侨的尊孔保教的活动看,主要还是停留在办庆诞、建孔庙一类的无谓之举,于大局有何关系?徒为虚文浪费金钱而已,若以之投入其他公共事业,会有益多多矣。第二,从近代欧洲发展的历史看,保教而教强,固有之矣,然教强非国之利也。由于一味强调保教,反而会阻碍思想的解放。思想不自由,民智终不得开,思想不自由,民智更无进步之望。近代欧洲因为有培根、迪卡儿、赫胥黎、达尔文、斯宾塞等思想家,敢于冲破宗教的禁锢,他们的思想才大有造于欧洲。第三,正因为此,中国社会的变革更需要新学说引领,而保教口号只会阻碍新学说的引进。梁启超强调:"弟子以为欲救今日之中国,莫急于以新学说变其思想,然初时不可不有所破坏。孔学不适于新世界者多矣,而更提倡保护之,是北行南辕也。"①

康有为对梁启超的不满,不仅在于思想观点的分歧,更重要的还在于梁启超此举违背了"师道尊严"的古训,大有另立门户之趋向。因此在与康有为探讨理

---

① 丁文江、赵丰田编:《梁启超年谱长编》,上海:上海人民出版社,2009年版,第181—183页。

论问题的同时,梁启超特别强调了师生之间的自由与服从关系。梁启超认为师生之间行事需服从与自由二者兼备,但对思想而言则惟有自由一条,不能以服从来限制学生的思想自由。弟子凡是有利于国民的主张就应坚持,而不应为迎合老师的观点作违心之论。如果弟子观点荒谬,老师教诲之,弟子乐于接受;如果只是简单地指责弟子有心立异,弟子则不敢认可。梁启超向康有为明确表示:"弟子意欲以抉破罗网,造出新思想自任。"①而要冲破旧罗网,首先要冲破自己思想中的固有成见,即使是自己当年所信奉所宣传过的主张,如与现时所接触的先进思想不符,也要勇于服从真理。梁启超并说,当年万木草堂的许多弟子今天也正是这样,对孔教的认识都开始有所突破,这其实正是要纠正以前认识上的一些偏颇。

对于这次与康有为思想的分歧,梁启超在后来还曾经论及。他说:"启超自三十以后,已绝口不谈'伪经',亦不甚谈改制。"他认为:"中国思想之痼疾却在'好依傍'及'名实混淆'。若援佛入儒也,若好造伪书也,皆原本于此等精神。以清儒论,颜元几于墨矣,而必自谓出孔子;戴震暗合西洋思想,而必自谓出孔子;康有为之大同,空前创获,而必自谓出孔子;乃至孔子之改制何为必托古,诸子何为皆同古,则亦依傍混淆也已。此病根不拔则思想终无独立自由之望,启超于此三致意焉。然持论既屡与其师不合,康、梁学派遂分。"②

梁启超知道,当年保教党的骁将,今天成为保教党的大敌,这必然会引起人们的议论,也必然会引起他的先辈与故人恶其反复,诮其模棱的责难。对此梁启超很坦然,他坚定地宣告:"吾爱孔子,吾尤爱真理!吾爱先辈,吾尤爱国家!吾爱故人,吾尤爱自由!"③

年轻的梁启超就是这样在厄运之中扼住了命运的咽喉,他以那蓬勃的朝气

---

① 丁文江、赵丰田编:《梁启超年谱长编》,上海:上海人民出版社,2009年版,第183页。
② 梁启超:《清代学术概论》,张品兴主编:《梁启超全集》,北京:北京出版社,1999年,第3101页。
③ 梁启超:《保教非所以尊孔》,张品兴主编:《梁启超全集》,北京:北京出版社,1999年,第770页。

教育近代化中的梁启超

追随着时代的潮流,搏击在风口浪尖以展示其救国救民的志向。他以他自己的学习和自我更新,以宣传民众开启民智的呐喊,昭示着国民素质自新的近代教育改革的方向。梁启超自觉地承担起这一使命,他在1901年写的《自励》诗中立志:

> 献身甘作万矢的,著论求为百世师。
> 誓起民权移旧俗,更研哲理牖新知。
> 十年以后当思我,举国犹狂欲语谁。
> 世界无穷愿无穷,海天寥廓立多时。①

---

① 丁文江、赵丰田编:《梁启超年谱长编》,上海:上海人民出版社,2009年版,第174页。

第五章

献身甘作万矢的，著论求为百世师

中年梁启超

一、第一急务是新民

梁启超思想上的突飞猛进,促进了他对近代教育改革问题的深入思考。当是之时,清朝统治者迫于时代潮流而宣布"新政",并相应地开始了近代学制的构建。如此,近代教育改革终于呈现出阶段性成果,似可大功告成了。然而,梁启超敏锐地看到,中国教育改革的终极目标并不是新的学校体制的建立,而是新的教育精神的构建。清廷领导下的教育改革所缺乏的正是这么一种精神,他们只是以新瓶装旧酒的方式在粉饰着教育改革进程,以图达到以新卫旧的目的。梁启超尖锐地指出:

> 夫一国之有公共教育也,所以养成将来之国民也,而今之言教育者何如?各省纷纷设立学堂,而学堂之总办提调,大率皆最工于钻营奔竞,能仰承长吏鼻息之候补人员也;学堂之教官,大率皆八股名家弋窃甲第武断乡曲之巨绅也。其学生之往就学也,亦不过曰此时世妆耳,此终南径耳,与其从事于闭房退院之诗云子曰,何如从事于当时得令之ABCD!考选入校,则张红然爆以示宠荣(吾粤近考取大学堂学生者皆如是),资派游学,则苞苴请托以求中选。若此者,皆今日教育开宗明义第一章,而将来为一国教育之源泉者也。试问循此以往其所养成之人物,可以成一国国民之资格乎?可以任为将来一国之主人翁乎?可以立于今日民族主义竞争之潮涡乎?吾有以知其必不然也。不能则有教育如无教育,而于中国前途何救也!①

梁启超的话一针见血,入木三分。此中所提及的国民之资格,一国之主人翁,

---

① 梁启超:《新民说·论进步》,张品兴主编:《梁启超全集》,北京:北京出版社,1999年版,第687页。

实际上触及了中国教育近代化的一个最根本的问题,即新教育精神的构建。新教育精神构建的核心是培养什么样的人,是培养奴隶还是培养独立之人,是培养臣民还是培养国民,这是当时新旧教育较量的最本质最核心的问题。这个问题的提出,标志着中国近代教育改革开始深入到观念层面的改革。

从开民智的呼喊到伸民权的鼓动,梁启超最终把思考的焦点落到了国民素质上。美、欧之游以及对西方资本主义历史的深入考察,使梁启超更深刻地认定,国民文明程度的高低,是决定一个国家或民族强盛的根本原因。他看到,西方强国都经历了一个思想自由的过程,一大批资产阶级思想家、教育家、科学家的崛起,深刻地影响了民众的素质提高,导致了国力强盛。学校的林立,教育的普及,国民文明程度的提高,导致了国基的稳固。梁启超看到,政府及官吏的素质,对国家的强盛固然关系极大,但国民素质却是一个不可忽视的因素。国民文明程度不高,难以产生高素质的政府及官吏,即使有明主贤相执政,也只能是一时而兴,人亡而政息。如果国民文明程度很高,即使偶有暴君污吏,则其民力自能补救之而整顿之。所以维新之本在于新民,苟有新民,则何患无新制度、新政府、新国家。如不抓根本,只是今日变一片,明日易一人,则无济于事。所以欲其国之安荣,则新民之道不可不讲。

梁启超又总结了中国近代社会改革的教训,他认为变法数十年而成效不著的原因,在于新民之道未有留意焉。梁启超曾在《清议报》发表《中国积弱溯源论》,认为中国人心风俗之愚陋,是中国落后的根源之一。他说:"以今日中国如此之人心风俗,即使日日购船炮,日日筑铁路,日日开矿务,日日习洋操,亦不过披绮绣于粪墙,镂龙虫于朽木,非直无成,丑又甚焉。"[①]

梁启超以他敏锐的洞察力,在中国近代较早地提出了国民性的改造问题。他在文章中,列举中国人心风俗之愚陋,将其归纳为六个方面。

第一为"奴性"。中国封建制度据国家为一家私有,其余则皆奴隶也。长期以来,吾民也习惯以奴隶自居,形成了倚赖之外无思想、服从之外无性质、谄媚之

[①] 梁启超:《中国积弱溯源论》,张品兴主编:《梁启超全集》,北京:北京出版社,1999年版,第415页。

外无笑语、奔走之外无事业、伺候之外无精神的奴性,呼之不敢不来,挥之不敢不去,命之生不敢不生,命之死亦不敢不死。因此,虽日日为奴,而不觉其苦,反觉其乐,不觉其辱,反觉其荣,忍气吞声,视为固然。如此,生如无生,人而非人,更未遑论国家为何物?由是,非敌亡我,系我自沦,斯害不去,国其灰尘。

第二为"愚昧"。堂堂中国,四万万人,能识字者不满五千万,能阅报者不足二千万,能著文者不到五百万,能略知中国古今事故者不足十万,能略知五大洲事故者,不够五千人,而其中能知政学之本源,考人群之条理,求所以富强之道者,殆不满百数十人。特别是遍布全国的缙绅先生,只会咿哑占毕,欺骄乡愚,不知亚细亚、欧罗巴是何地方,汉祖、唐宗是哪朝皇帝。然全国的秀才举人,进士翰林皆出自于这帮教书先生之手。以此等民智参与今日脑与脑竞争之世界,无异于"盲人骑瞎马,夜半临深池"。

第三为"为我"。中国人不知群之物为何物,群之义为何义也,故人人心目中但有一身之我,不有一群之我。中日之战,实际上只是以直隶一省敌日本全国,其他各省督抚只是侥幸战祸不及于己辖,借设防为名,以观成败而已。八国联军入北京之日,上海依旧笙歌箫鼓,熙熙焉,融融焉。"各人自扫门前雪,不管他人瓦上霜",深入国民脑筋。于是四万万人遂成四万万国,亡此国而无损于我,则束手以任其亡,亡此国而有益于我,则出力以助其亡。以此而立于人群角逐之世界,欲以自存,能乎不能?

第四为"好伪"。君臣上下,官民士友,无论何人,无论何地,无论何时,皆以伪之一字行之。大半官位无事可办,一部律例,十有九不遵行。八股墨卷诣为圣贤之微言,弓刀箭石谓为干城之良选。所谓清流名士者,常有忧国之容,哀时之语,却无任何实际行动。如此,举国之人而持一伪字以相往来,则只是一虚伪泡幻之国而已。即使没有外侮,凭此立身于天地之间也是不可能的。

第五为"怯懦"。中国民俗,以冒险为大戒,以柔弱为善人,至有"好铁不打钉,好仔不当兵"之谚。欧西、日本之诗,无不言从军乐者,中国之诗,无不言从军苦者。一勇一怯,相去何远?无怪乎中日之役,绿旗、湘淮军数十万,皆鼓声甫作,已弃甲曳兵而走也。中国世俗,曰百忍成金,曰唾面自干。数千年来误此见解,使勇者日即于消磨,而怯者反有所借口,导致遇势力之强于己者,始而让之,继而畏之,终而媚之。奴隶之性,日深一日,国权由兹而亡。

第六为"无动"。老子有言:"无动为大",此实为千古之罪言也。以致今世持论者,凡安静、持重、老成,皆誉人之词;凡喜事、轻进、纷更,皆贬人之词。故而办事遵奉依成法,查旧例,务使全国之人如木偶,如枯骨。中国官场乃至社会民间信奉六字秘诀:多叩头,少讲话。是故污吏压制之而不动,虐政残害之而不动,外人侵害之而不动,列强瓜分之奇辱,咄然迫在眉睫而不动。若是乎,此无动为大之中国,竟长此而终古也,是则可忧也。

如此国民性,何来国家之强盛?如此国民性,何来民族之复兴?面对国势危蹙,假如是"我责人,人亦责我,我望人,人亦望我,是四万万人,遂互消于相望之中,而国将谁与立"。为此,梁启超指出:"吾请更以一言正告我国民:国之亡也,非当局诸人遂能亡之也。国民亡之而已;国之兴也,非当局诸人遂能兴之也,国民兴之而已。"①梁启超把决定一国之兴亡,乃至维新之成败的主要因素寄望于国民,寄望于国民本身的文明程度,这确是独具慧眼。与前一时期维新派把变法的希望主要寄托于当权者的开明相比较,梁启超的这个观点显然是一大进步。

据此,梁启超不失时机地提出了"新民"的主张。他认为,中国要富强,努力学习西方先进的政治、学术,技艺固然重要,但民德、民智、民力,实为政治、学术、技艺之大源。不取于此而取于彼,弃其本而摹其末,是见他树之蓊郁,而欲移其枝以接我槁干那般可笑的做法。欲抓根本惟有从新民做起。梁启超说:"新民云者,非新者一人,而新之者又一人也,则在吾民之各自新而已。"②也就是说,新民是求全体国民自新,按照时代精神各自提高自己的素质,不要责人不责己,望人不望己。

梁启超看到,国民性问题从本质上讲是一个文化传统问题。他说:"凡一国之能立于世界,必有其国民独具之特质,上自道德法律,下至风俗习惯、文学美术,

---

① 梁启超:《中国积弱溯源论》,张品兴主编:《梁启超全集》,北京:北京出版社,1999年版,第420页。
② 梁启超:《新民说》,张品兴主编:《梁启超全集》,北京:北京出版社,1999年版,第656页。

皆有一种独立之精神,祖父传之,子孙继之,然后群乃结,国乃成。"①国民性乃是一种文化传统的积淀物,是一个群体长期生活而认定的共同的价值取向。它所具有的特质是由它的文化传统所规定的。应该说,其内核其根基是这种由一个群体或一个民族经长期共同生活而形成的独立精神,构成了一个群体或民族宏大高尚完美的特质。它深入到人们的思想血脉之中,渗透进道德法律乃至风俗习惯、文学美术,这种特质是不可丢弃的。对这种传统应提炼其精华,保存其底蕴,发达其真髓。同时,传统的人格又应随着时代的发展而有所更新,才能适应时代。所以,所谓新民者,既非心醉西风,蔑弃吾数千年之道德、学术、风俗,以求伍于他人;亦非墨守成规,死守此数千年之道德、学术、风俗而不思进取,而是在扬弃传统的基础上吸收西方文化的精华,以创构一个符合时代特色的人文精神。梁启超指出:"新民之者,非欲吾民尽弃其旧以从人也。新之义有二:一曰淬厉其所本有而新之;二曰采补其所本无而新之。二者缺一,时乃无功。"②

在梁启超看来,中国传统人格中最缺乏的,便是国民之资格。他认为,自古以来吾民常视国为天下,耳目所接触,脑筋所濡染,圣哲所训示,祖宗所遗传,都淡化了国家在世界中的地位。而处于今日列国并立、弱肉强食、优胜劣败之时代,国人缺乏国民之资格,必然难以胜任于这一时代而自立于天壤。因此,新民的目标在强化国民的意识,提高国民的素质。

二、独立进取为进化

梁启超心目中的"新民"形象,最可贵的品格就是独立性。梁启超说:

> 独立者何?不借他力之扶助,而屹然自立于世界者也。人而不能独立,时曰奴隶,于民法上不认为公民;国而不能独立,时曰附庸,予公法上不认为公国。嗟乎!独立之不可以已如是也。③

---

① 梁启超:《新民说》,张品兴主编:《梁启超全集》,北京:北京出版社,1999年版,第657页。
② 梁启超:《新民说》,张品兴主编:《梁启超全集》,北京:北京出版社,1999年版,第657页。
③ 梁启超:《国民十大元气论》,张品兴主编:《梁启超全集》,北京:北京出版社,1999年版,第268页。

梁启超之所以推崇独立性这一品格,是因为这一品格对推动社会进步具有特别重要的意义。梁启超认为,人有三等:有困缚于旧风气之中者,有跳出于旧风气之外者,有跳出旧风气后能造新风气者。梁启超赞赏推崇的是第三种人。虽然这些人终其身立于独立境界,又往往为举世目为狂悖,常常为世俗非笑之,但世界之不衰不灭而进化,全赖这些能造新风气之人。所以,独立性乃是孕育世界之原料。反之,如果人人缺乏独立性,人人皆依附于古人,依赖于他人,则全世界之人皆为土木偶,人类也无复一人了。由是,无独立性,乃是毁灭世界之毒药。

梁启超之所以推崇独立性这一品格,还因为中国人特别缺乏这一品格。几千年的君主专制制度,养成了人们甘心为奴的服从心理,养成了人们"非古人之法言不敢道,非古人之法行不敢行"的思维定式,导致了人们缺乏责任心,遇事望人不望己的依赖心理。梁启超说:"吾中国所以不成为独立国者,以国民乏独立之德而已:言学问则倚赖古人,言政术则倚赖外国;官吏倚赖君主,君主倚赖官吏;百姓倚赖政府,政府倚赖百姓;乃至一国之人,个个放弃其责任,而惟倚赖之是务。究其极也,实则无一人之可倚赖者。譬犹群盲偕行,甲扶乙肩,乙牵丙袂,究其极也,实不过盲者倚赖盲者。一国腐败,皆根于是。故今日救治之策,惟有提倡独立。"①

因此,一个人独立品格的培养,就绝不仅仅是个人修身养性的需要,而是时代和社会的要求。梁启超认为:"故今日欲言独立,当先言个人之独立,乃能言全体之独立;先言道德上之独立,乃能言形势上之独立。"②梁启超的这句话讲了两层意思:其一,个人之独立是为了促进全体之独立,道德上之独立是为了争取国家之独立。其二,全体之独立有赖于个人独立之程度。由是,个人独立品格的培养,既是个人的行为,又是个人的道德修养与社会实践有机的统一体。

欲达这一要求,梁启超认为树立独立精神是至关重要的。什么是独立精神?简言之,就是自由。梁启超认为,所谓自由就是权利的表征,是人之精神界之生

---

① 梁启超:《十种德性相反相成义》,张品兴主编:《梁启超全集》,北京:北京出版社,1999年版,第428页。
② 梁启超:《十种德性相反相成义》,张品兴主编:《梁启超全集》,北京:北京出版社,1999年版,第428页。

命。"自由之德者,非他人所能予夺,乃我自得之而自享之者也。"①追求自由实质上就是争取权利,争取个人的平等权利。为什么中国人没有权利观念,梁启超归咎于中国传统文化鼓励一种逆来顺受的人生哲学,中国的先哲们总是教导人们要忍耐,要犯而不校,要以德报怨,这就无形中剥夺了人们的权利。梁启超认为,民有权者谓之为有权国,一部分之权利合之即为全体之权利,一私人之权利思想自由积之即为一国家之权利思想,故欲养成权利观念,必须从个人始。所以自由的获得,既表现为物化形态的,又表现为精神形态的。如追求政治上的自由,宗教上的自由,民族上的自由,生计上的自由,它不仅是为了争取人之应有之权利,而且是为了争取人的思想之尊严。要实现这一境界,梁启超在《新民说·论自由》中向人们提出了四个要求:一曰勿为古人之奴隶,二曰勿为世俗之奴隶,三曰勿为境遇之奴隶,四曰勿为情欲之奴隶。梁启超认为:"中国数千年之腐败,其祸极于今日,推其大原,皆必自奴隶性来,不除此性,中国万不能立于世界万国之间。而自由云者,正使人自知其本性,而不受钳制于他人。"

自由境界的获得,需要具有争自由的勇气和为自由奋斗的决心,这就必须诉诸行动。而且,梁启超认为,争取自由并不仅仅是要争取个人之自由,更主要且更重要的是争取团体之自由。人不能离团体而独自生存,团体不保其自由,则个人之自由更何有!由是,独立品格的培养不能只停留于口头上书本上,也不能局限于个人狭小的私利。在梁启超看来,独立者,实行之谓也:"独立云者,日日以孤军冲突于重围之中者也,故能与旧风气战而终胜之。"②没有为团体为民族而孤军奋战的信念,没有这种必死之志,决斗之气,处处只望人之助,处处只仰人之庇,根本谈不上人的独立性。梁启超期盼:"人人各断绝倚赖,如孤军陷重围,以人自为战之心,作背城借一之举,庶可扫拔已往数千年奴性之壁垒,可以脱离此后四百兆奴种之沉沦。"③

孤军奋战之勇气,不仅是意志的体现,更主要的是信念的体现,这个信念便

---

①梁启超:《十种德性相反相成义》,张品兴主编:《梁启超全集》,北京:北京出版社,1999年版,第429页。
②梁启超:《国民十大元气论》,张品兴主编:《梁启超全集》,北京:北京出版社,1999年版,第268页。
③梁启超:《十种德性相反相成义》,张品兴主编:《梁启超全集》,北京:北京出版社,1999年版,第428页。

是敢为天下先。梁启超认为,丈夫以身任天下事,为天下耳,非为身也。但有益于天下,成之何必自我?必求自我成之,则是为身也,非为天下也,这是独立者之志。只有具有这样的胸怀,这样的志向,才可能奋其身以入于世界之中,磊磊落落,独往独来,才可能正视失败。梁启超说:"盖为天下先者,未有不败者也。然天下人人皆畏败而惮先,天下遂以腐坏不可收拾。"①这就是梁启超提倡独立之德的真髓所在。

为此,梁启超呼唤进取冒险精神。每每读欧美资产阶级革命史,梁启超总是会为哥伦布、马丁·路德、彼得大帝、华盛顿、林肯、拿破仑等一大批叱咤风云的人物所深深感染。他佩服这些人"道天下所不敢道,为天下所不敢为,其精神有江河学海不到不止之形,其气魄有破釜沉舟一瞑不视之概;其徇其主义也,有天下地下惟我独尊之观,其向其前途也,有鞠躬尽瘁死而后已之志;其成也,涸脑精以买历史之光荣,其败也,迸鲜血以赎国民之沈孽"②的气魄与胆识。面对物竞天择、优胜劣败的世界大潮,身处救亡图存开创新世界的时代,梁启超热情地呼唤着进取冒险精神。

梁启超说:"进取冒险之性质何物乎?吾无以名之,名之曰浩然之气。"③这是一种精神力量。它生于希望与理想,如果只是饥则求食,饱则嬉焉,知有今日而不知有明日,则进取之念消,冒险之气亡。它生于热诚,如果可爱者而不知爱,可哀者而不知哀,可怒者而不知怒,可危者而不知危,则无人性可言。它生于智慧,如果甘心为教守之奴隶,为先哲之奴隶,为习俗之奴隶,为权势之奴隶,则重重缚轭,奄奄就死。它生于胆力,如果遇难气先衰,遇难心先畏,则畏缩不前了。梁启超认为,这种精神乃是立人立国之本。人有之则生,无之则死;国有之则存,无之则亡。"天下无中立之事,不猛进斯倒退矣;人生与忧患俱来,苟畏难斯落险矣。"④

---

① 梁启超:《自由书·成败》,张品兴主编:《梁启超全集》,北京:北京出版社,1999年版,第337页。
② 梁启超:《新民说·论进取冒险》,张品兴主编:《梁启超全集》,北京:北京出版社,1999年版,第668页。
③ 梁启超:《新民说·论进取冒险》,张品兴主编:《梁启超全集》,北京:北京出版社,1999年版,第668页。
④ 梁启超:《新民说·论进取冒险》,张品兴主编:《梁启超全集》,北京:北京出版社,1999年版,第667页。

教育近代化中的梁启超

使梁启超感到可怕的是,中国人正好缺乏这么一种精神。数千年来,中国传统的人生观宣扬着一套"知足不辱""知止不殆""不为物先,不为物后""无多言,多言多患;无多事,多事多败""危邦不入,乱邦不居""孝子不登高不临深"等处世哲学,浸之亿万辈,导致鬼脉阴阴,病质奄奄,女性纤纤,暮色沉沉,完全扼杀了进取冒险精神。梁启超说:"一国之大,有女德而无男德,有病者而无健者,有暮气而无朝气,甚者乃至有鬼道而无人道,恫哉恫哉!吾不知国亡何以立也!"①

进取之气的养成,须根柢深厚,非器性薄弱之人所能假借,梁启超在《新民说》中专著有《尚武》一文,主张人们必须从三方面下功夫。

第一是心力,即立定志向,抱定必死决斗的信念。心力涣散,勇者亦怯;心力专凝,弱者亦强。在面临外侮之时,就要敢于以硬碰硬,以恶对恶,人以恶声加我,我能以恶声返之,人以强力凌我,我能以强力抗之。这样才能排御外侮,屹然自立于群虎眈眈之场。今外人逼我,其圈日狭,其势日促,直不啻以百万铁骑,蹙我孤军于重围之中矣,舍突围向前之一策,更无所谓生路。在这样的情况下,人们更应抱定报大仇,雪大耻,定大计,任大事的信念,激其热诚,鼓其勇气,无奄奄敛手以待毙也!

第二是胆力。天下无往非难境,惟有胆力者无难境;天下无往非畏途,惟有胆力者无畏途。胆力来自于自信力,它是智慧与勇气的结晶。国之兴亡亦然,国民自信其兴则国兴,国民自信其亡则国亡。吾望吾同胞奋起雄心,鼓其勇气,无畏首畏尾以自馁也。

第三是体力。体魄者,与精神有密切之关系。有健康强固之体魄,然后有坚忍不屈之精神。自古开拓世界之伟人,皆能负荷艰巨,耐非常之苦。而中国传统文化以文弱为美称,以羸怯为娇贵,缠绵床第以耗其精力,吸食鸦片以戕其身体,合四万万人,而不能得一完备之体格。呜呼!其人皆为病夫,其国安得不为病国也!以此而出与狞猛枭鸷之异族遇,是犹驱侏儒以斗巨无霸,

---

① 梁启超:《新民说·论进取冒险》,张品兴主编:《梁启超全集》,北京:北京出版社,1999年版,第670页。

彼虽不持一械，一挥手而我已倾跌矣。呜呼！生存竞争，优胜劣败，吾望我同胞练其筋骨，习其勇力，无奋然颓惫以坐废也！①

三、提倡公德为合群

流亡海外以后，梁启超逐渐认识到传统的天下一统的思想是不切实际的，是与人类社会进步所必需的竞争价值观相对立的。梁启超在《南海康先生传》里就批评了康有为依然坚持世界主义而不肯接受国家主义的思想。他看到，追求天下大同乃是中国中心论的世界秩序观，而客观事实是，世界是由许多不同民族和种族组成，这些民族是在相互联系中发展，在相互竞争中生存。要使中国立于不败之地，作为新民来说，国家观念应迅速更新：第一，在个人与国家的关系上，要认识到国家乃是使彼我相团结，相补助，相捍救，相利益的保障；第二，在朝廷与国家的关系上，要认识到朝廷与国家并非是相等的概念，朝廷正则代表国家，朝廷贼则不代表国家；第三，在外族与国家的关系上，要认识到国家主权是不容践踏的；第四，在世界与国家的关系上，要认识到竞争乃是人类文明之母，进步之源，世界各国之间的竞争是永恒的。中国人长期缺乏国家观念，造成人们的道德追求，向下则惟一身一家之荣瘁是问，向上则高谈哲理而不切实用。那些独善其身、乡党自好者，畏国事之为己累而逃之也，人们为求爵禄求势利，将国家利益弃之脑后，还自造一种道德以饰丑而美其名。所以，新民的价值取向应以社会公德和国家利益为主导，应以合群为目标。

何谓合群？梁启超给它下的定义是"合多数之独而成群"。人类之所以要结成群体，是由于生存发展的需要，任何个人的生存，最终总是取决于所在群体的生存程度。这就是梁启超阐述独立与自由都必须以服从群体利益为前提的理由所在。

接下来的问题是，是否有群就必有强大之力，梁启超的回答是否定的。他谈了两个事实：第一，中国四万万人口，经数千年聚族而居，其群不可谓不大，其历史不可谓不悠久，然而给人的印象始终是"一盘散沙"；第二，近代变法以来，也

---

①梁启超：《新民说·尚武》，张品兴主编：《梁启超全集》，北京：北京出版社，1999年版，第709—714页。

有不少求新之士日日以合群号于天下,而甲地设一会,乙徒立一党,始也互相轻,继也互相妒,终也互相残,何也?梁启超认为这不能简单地归结为各人之私心,而是缺乏"合群之德"。他指出:"盖国民未有合群之德,欲集无数之不能群者强命为群,有其形质,无其精神也。"①

什么是合群之德?梁启超说:"合群之德者,以一身对于一群,常肯绌身而就群;以小群对于大群,常肯绌小群而就大群。夫然后能合内部固有之群,以敌外部来侵之群。"②如果人人只知有身而不知有群,则其群便漠然摧坏,而终被灭于他群。因此,要增强群体的结合力、凝聚力、团体力,就必须养群德。

中国自古以来缺乏公德,偏重私德。梁启超将儒家的"五伦"与西方伦理学的家庭、社会、国家三个伦理范畴作了比较,他认为,中国之五伦唯家族伦理稍微完整,而朋友一伦绝不足以尽社会之义务,君臣一伦也不足以尽国家之义务。因为社会之义务绝不应局限于相知的朋友之间,国家之义务更不应只是君臣之间的私人感恩效力。梁启超的结论是,我国民所最缺者,公德其一端也。公德者何?人群之所以为群,国家之所以为国,赖此德焉以成立者也。由此,衡量道德的标准应以是否利群为转移,加强群体的凝聚力,促进群体的利益,应该是道德的本质所在。

为此,梁启超大力提倡社会公德。梁启超指出,公德是相对私德而言者。人人独善其身,是谓私德,人人相善其群是谓公德,二者皆人生不可缺之具也。无私德不能立身,无公德则群将不群,国将不国。但从中国状况看,公德缺乏是一个十分突出的问题。尽管中国自古道德发达,但究其所教,私德居十之九,公德不及其一焉。"要之吾中国数千年来,束身寡过主义,实为德育之中心点。"③加之后世提倡者有所偏好,习非胜是,谬种流传,使国民更不知公德为何物了。人人只

---

①梁启超:《十种德性相反相成义》,张品兴主编:《梁启超全集》,北京:北京出版社,1999年版,第429页。

②梁启超:《十种德性相反相成义》,张品兴主编:《梁启超全集》,北京:北京出版社,1999年版,第429页。

③梁启超:《新民说·论公德》,张品兴主编:《梁启超全集》,北京:北京出版社,1999年版,第661页。

知安亨本群之权利,而不愿尽其本群之义务。对此,梁启超愤慨地说:"束身寡过之善士太多,享权利而不尽义务,人人视其所负于群者如无有焉。人虽多,曾不能为群之利,而反为群之累,夫安得不日蹙也?"①

中国不群之故,梁启超分析了四点原因:一是公共观念缺乏;二是对外之界说不分明,分不清公敌私敌,斤斤计较于群内之私敌;三是无规则,不讲法律,不讲纪律,人人对抗,不相上下;四是嫉妒。要合群,首先要明确道德的价值取向,梁启超认为,道德之立,所以利群也。因此,公德与私德并不是并列关系。公德为诸德之源,私德为公德之流,其善恶以利群为标尺。一个人道德修养的好坏,最根本的还是要看他是否尽了报群之义务报国之责任。"苟放弃此责任者,无论其私德上为善人为恶人,而皆为群与国之蟊贼。"②

梁启超又认为,公德是群体之灵魂,国家之元气,不同的时代有不同的公德标准,不同国家有不同的公德内容,公德应随着群之文明、群之进步而不断更新。因此,在当前的历史条件下,只有全民族的共同努力,才能抵抗一个外来民族合力推进的扩张,这是对组织涣散和缺乏活力社会的一个反动,也是呼唤公德的现实意义所在。而加强人们的公民感,增强人们团结一致的协作精神,也就必然会推进一个民族国家的民主化进程,从而带来整个社会的进步。梁启超说:

> 吾辈生于此群,生于此群之今日,宜纵观宇内之大势,静察吾族之所宜,而发明一种新道德,以求所以固吾群,善吾群,述吾群之道;未可以前王先哲所罕言者,遂以自画而不敢进也。知有公德,而新道德出焉,而新民出焉矣。③

四、少年中国之少年

呼唤"新民"的热诚,表达了梁启超对新中国的渴望。梁启超对祖国的感情是

---

① 梁启超:《新民说·论公德》,张品兴主编:《梁启超全集》,北京:北京出版社,1999年版,第661页。
② 梁启超:《新民说·论公德》,张品兴主编:《梁启超全集》,北京:北京出版社,1999年版,第661页。
③ 梁启超:《新民说·论公德》,张品兴主编:《梁启超全集》,北京:北京出版社,1999年版,第662页。

真诚的,梁启超对祖国的前途是热诚的。他热盼着一代"新民"迅速成长,就是为了建设一个崭新的中国。日本人每每称中国为"老大帝国"时,梁启超皆奋力驳斥,他自豪地向国人、向世界宣布:"吾心目中有一少年中国在。"①

梁启超认为,今日之中国正处于过渡时代。"中国自数千年来,常立于一定不易之域,寸地不进,跬步不移,未尝知过渡之为何状也。虽然为五大洋惊涛骇浪之所冲激,为十九世纪狂飙飞沙之所驱突,于是穷古以来,祖宗遗传深顽厚锢之根据地,遂渐渐摧落失陷,而全国民族,亦遂不得不经营惨跋涉苦辛,相率而就于过渡之道。故今日之现状,实如驾一偏舟,初离海岸线,而放于中流,即俗语所谓两头不到岸之时也。"②

过渡时代决定了中国正在走向新生,老大之帝国是过去之中国,而今天正在走向一个民权至上的新中国。这一类国家在西方已有百年之历史,它们已经步入壮年之时。而中国正在向这个方向过渡,未能完全成立而渐进于完全成立者,少年之事也。所以梁启超满怀信心地宣告:欧洲列邦在今日为壮年国,而我中国在今日为少年国。

梁启超满怀豪情地投身于这一时代。他认为过渡时代是希望之涌泉,是人间世所最难遇而可贵的时代。中国数千年来皆为停顿时代,所以一步步走向老年,走向死亡。而今天,有过渡就有进步,有进步就有希望。

希望何在?梁启超认为,希望就在于一个暮气沉沉、朝不虑夕的老大帝国将在过渡时代中消逝。当年历史上的辉煌显赫,早已被一群眼盲、耳聋、手颤、足跛的老朽所葬送。当年历史上的丰功伟烈,早已被昨日割五城、明日割十城的命运所取代。十八省之土地财产,已为人怀中之肉,百兆父兄子弟已为待死之民。此等为国安得不老且死。而同时,一个渐进发达、前程方长的新国家将在过渡时代产生。这个新国家,有土地,有人民,有主权,有服从,其新来而与世界为缘,其进步未可量。"故过渡时代者,实千古英雄豪杰之大舞台也,多少民族由死而生,由

---

① 梁启超:《少年中国说》,张品兴主编:《梁启超全集》,北京:北京出版社,1999年版,第409页。
② 梁启超:《过渡时代论》,张品兴主编:《梁启超全集》,北京:北京出版社,1999年版,第465页。

剥而复,由奴而主,由瘠而肥,所必由之路也。美哉！过渡时代乎。"①

但是,过渡时代又是一个恐怖时代。梁启超指出,过渡时代是新旧相争、进退相持的关键时刻。人民憎恨封建专制体制,但又未能组织起新政以代之;士子鄙视八股制艺之学,但又未能开辟新学以代之;社会厌恶三纲压抑、虚文缚节之俗,但又未能研究新道德以代之;例案已烧而无新法典,科举议变而无新教育,元凶处刑而无新人才,北京残破而无新都城。总之,这是一个离故步日以远,冲盘涡日以急,望彼岸日以亲的过渡时代。处在这样一个时代,过渡之先锋的伟任自然落在了青年一代身上。梁启超呼唤"新民",就是寄希望于年轻的一代能担当起除旧布新的历史使命,而要担当此任,有三种德性是不可缺少的。

第一是冒险性。过渡时代必然须掷弃故步,抛弃旧形,寄希望于未来。如果胆力不足,长虑却顾,而不敢轻于一发,必然是进步少而退步多。只有以大刀阔斧之力,乃能收筚路蓝缕之功;只有以雷霆万钧之能,乃能造鸿鹄千里之势。据此,舍冒险而不能。

第二是忍耐性。过渡时代常处于可进而不可退,难进而易退之境地,而且志愈大者成就愈难,行愈远者归宿愈迟。其改革经历往往是一挫再挫三挫,甚至经数十万年而不见成者,甚至受唾受骂而难以自辨,如果缺乏忍耐性,便是掘井九仞,功亏一篑。

第三是别择性。过渡之目的在于达到所希望之新界,然世界政体有多途,国民之所宜者也有多途。或理论上不可不行,而事实上万不可行。或他时他地可得极良结果,而在此时此地反招不良结果。所以过渡时代之人才,既要有军人之魄,又要有政治家之魂,以作出正确选择。②

但是,不管征途如何艰难,一个崭新的中国正以其不可阻挡之势蓬勃于世界大地。制造出将来之少年中国者,则中国少年之责任也。什么是少年？少年人常

---

① 梁启超:《过渡时代论》,张品兴主编:《梁启超全集》,北京:北京出版社,1999年版,第464页。
② 梁启超:《过渡时代论》,张品兴主编:《梁启超全集》,北京:北京出版社,1999年版,第466页。

教育近代化中的梁启超

思将来,故生希望心,养进取力;少年人如朝阳,如乳虎;少年人如大海之珊瑚岛,如长江之初发源,如西伯利亚之铁路。故今日之责任,不在他人,而全在我少年。少年智则国智,少年富则国富,少年强则国强,少年独立则国独立;少年自由则国自由,少年进步则国进步,少年胜于欧洲,则国胜于欧洲,少年雄于地球,则国雄于地球。"红日初升,其道大光;河出伏流,一泻汪洋;潜龙腾渊,鳞爪飞扬;乳虎啸谷,百兽震惶;鹰隼试翼,风尘吸张;奇花初胎,矞矞皇皇;干将发硎,有作其芒;天戴其苍,地履其黄;纵有千古,横有八荒;前途似海,来日方长。美哉,我少年中国,与天不老!壮哉,我中国少年,与国无疆!"①

"如何一少年,忽忽已三十。"已入而立之年的梁启超,面对汹涌而至的新世界潮流,以开启民智为己任,以战斗的姿态迎接着新中国的到来。他在《少年中国说》一文的结尾附上了这么一段话:

"三十功名尘与土,八千里路云和月。莫等闲白了少年头,空悲切!"此岳武穆《满江红》词句也,作者自六岁时即口授记忆,至今喜诵之不衰。自今以往,弃"哀时客"之名,更自名曰"少年中国之少年"。

---

① 梁启超:《少年中国说》,张品兴主编:《梁启超全集》,北京:北京出版社,1999年版,第411页。

第六章

天运亮可知,回向恻中肠

梁启超与泰戈尔　1924年

一、殚精竭虑促国运

辛亥革命的风暴,给中国社会发展带来了历史性的转折,国内阶级力量的对比发生了巨大的变化。久居国外的康、梁保皇势力显然是缺乏应付与主宰这一新变化的力量。在经过几番努力均告失败之后,康有为选择了抵制袁世凯、抵制共和政体的态度,梁启超则初步接受了共和政体的事实。梁启超在政治上的基本思路是避免动乱,寻求稳定,在现行国体下实行改革,由此在辛亥革命后他决定采取联合袁世凯并伺机发展的基本策略。这样,梁启超的关注点再一次转入政治活动,从而开始了其长达7年的政治生活时代。

梁启超政治生活的第一个时期是与袁世凯合作的时期。1912年10月,梁启超终于回到了阔别14年的祖国。他心里的如意算盘,是想暂借袁世凯之力以发展改良派势力,为自己的政治目的服务。诚如他在以后所表述的:"当时很有点痴心妄想,想带着袁世凯上政治轨道,替国家做点建设事业。"①但老奸巨猾的袁世凯怎么会上梁启超的笼套,他启用梁启超不过是要做出点姿态,装潢点门面,为窃取辛亥革命成果增加点砝码。1913年熊希龄内阁组成,梁启超出任司法总长。但梁启超却无法施展他的才华,连委任下去的司法官员都横遭地方官吏的阻挠而不能到位,他力主健全的各级审判厅被袁世凯列为中国三大害之一。熊希龄内阁辞职后,梁启超还幻想袁世凯能让他出任财政总长,但袁世凯只设了一个币制局,1914年让梁启超担任总裁。梁启超在币制局总裁的位子上,精心设计了一整套货币制度改革方案,最终也只是一纸空文。当了5个多月的司法总长,当了8个多月的币制局总裁,梁启超都只能是以辞职的结局告终。

---

① 丁文江、赵丰田编:《梁启超年谱长编》,上海:上海人民出版社,2009年版,第454页。

相反,袁世凯却借助包括梁启超在内的内阁之力,镇压了"二次革命",打败了国民党。不久,又施加压力迫使国会在未制定宪法之前选举袁世凯为正式大总统。梁启超总认为,给袁世凯戴上正式大总统的桂冠后,便可以专心制定宪法,把袁世凯的权力约束在法律的范围之内,使国家逐步走上宪政的道路。但是,以专制独裁为目标的袁世凯却不是这么想。在他眼中,国会、政党、内阁都不过是掌中玩物,他一朝大权在手,便悍然下令解散了国民党,国会因此不足法定开会人数,事实上也无形解散。

梁启超对此十分痛苦。他本想以有限的让步来获取民主理想的施展,但实际上他却只能默认袁世凯所干的一切。1915年1月,梁启超发表《吾今后所以报国者》,第一次发出了脱离政治的宣言:"故吾自今以往,除学问上或与二三朋辈结合讨论外,一切政治团体之关系,皆当中止。乃至生平最敬仰之师长,最亲习之友生,亦惟以道义相切磋,学艺相商榷。至其政治上之言论行动,吾决不愿有所与闻,更不能负丝毫之连带责任。"[①]

但梁启超并没能如愿,而是不得已进入到了其政治生活的第二个时期,即"护国战役"时期。其直接原因,一是此时发生的中日交涉事件,二是袁世凯的帝制运动。袁世凯并没有因为获得总统专制大权而停步,反而进一步开始了紧锣密鼓的复辟帝制进程。面对甚嚣尘上的复辟恶浪,避地清华园埋头写作的梁启超终于坐不住了。在1915年8月22日写给女儿的一封信中,梁启超愤慨地提道:"吾实不忍坐视此辈鬼蜮出没,除非天夺吾笔,使不复能属文耳!"[②]他拒绝了袁世凯要他担任政治顾问和考察沿江各省司法教育的任命,并向积极参与筹备复辟帝制活动的杨度等人发出了绝交信。他写出了《痛定罪言》《复古思潮平议》《异哉所谓国体问题者》等文章,猛烈抨击袁世凯政府的卖国行径和复古逆流,公然与袁世凯彻底决裂。

同时,梁启超又与蔡锷密谋组织,终于发动了反袁护国战争。护国战争的组织者认为,袁世凯在辛亥革命之后干尽不仁、不义、不智、不信、不让等坏事,是

[①] 梁启超:《吾今后所以报国者》,张品兴主编:《梁启超全集》,北京:北京出版社,1999年版,第2806页。
[②] 丁文江、赵丰田编:《梁启超年谱长编》,上海:上海人民出版社,2009年版,第466页。

教育近代化中的梁启超

背叛民国之罪人,是寡廉鲜耻的窃国大盗。护国战争的目的就是与全国国民戮力拥护共和国体,使帝制永不发生,并建设名实相符的立宪政治,以适应世界大势。这场运动的主要策划者和领导者便是梁启超。在这场运动中,从策划云南、贵州、广西、广东诸省独立,到促成两广都司令部和军务院成立;从各类通电的起草,军事方略的制订,到经费的筹措,舆论的争取,梁启超在运筹帷幄,指陈方略。在举国上下反复辟的潮流推动下,在反袁护国力量的打击下,仅仅过了83天皇帝瘾的袁世凯,不得不在1916年3月22日宣布取消帝制。在全国舆论的唾骂声中,袁世凯于6月6日因羞愤成疾而气绝身亡。

护国战争结束后,梁启超感到疲倦了。当黎元洪邀请他入京担任总统府秘书长,梁启超拒绝了。1916年7月6日,他在复黎元洪电中声称:"自审才器所宜,觉今后报国之途,与其用所短以劳形于政治,毋宁用所长以献身于教育。"[①]8月10日。他在与报馆记者的谈话中说:"鄙人尝持人才经济之说,谓凡人欲自效于国或社会,最宜用其所长,鄙人自问若在言论界补助政府匡救政府,似尚有一日之长,较之出任政局或尤有益也。"[②]第二次向社会宣告欲脱离政界。

但是不久,梁启超又不得不开始了他的政治生活的第三个时期,即"复辟战役"时期,其直接起因便是张勋的复辟。1917年上半年,张勋伙同康有为等人,依仗社会上残存的复古势力,再度掀起复辟恶浪,并于7月1日从故宫中拥出清废帝溥仪,宣布恢复大清帝国。这一倒行逆施,立即遭到全国人民的激烈反对。在天津的梁启超立即发表了《反对复辟电》,旗帜鲜明地维护民国,反对复辟,维护资产阶级立宪政治,反对君主专制。随即,梁启超随段祺瑞立即赶往马厂,组织武力,成立"讨逆军总司令部"。梁启超直接参赞其事,出谋划策,起草各种重要电文,讨伐张勋复辟。

张勋复辟失败后,1917年7月,梁启超参加了段祺瑞的内阁,担任了梦寐以求的财政总长。梁启超雄心勃勃,不仅延揽了得力助手加强了班底,而且制订出"改革币制,整顿金融"的八字方针,并使出浑身解数为实现这一方针创造条件。

---

① 梁启超:《复黎大总统电》,张品兴主编:《梁启超全集》,北京:北京出版社,1999年版,第2896页。
② 丁文江、赵丰田编:《梁启超年谱长编》,上海:上海人民出版社,2009年版,第512页。

但段祺瑞政府并不想实现国家民主政治,极力阻挠国会的恢复,梁启超于此采取了支持纵容的立场。这一行径遭到了以孙中山为首的国民党人士和南方各省的竭力反对。8月下旬,孙中山在广州召开国会非常会议,成立中华民国军政府。从此,南北两个政权的公开对立和战争便开始了。梁启超为支持段祺瑞的武力统一政策,不得不放弃改革财政的美妙幻想。而且,面对各路军阀开出的巨额账单,梁启超只有摇头叹息。虽然他竭智尽力,以谋挽救,但怎么也维持不了财政现状。梁启超上任不足4个月,又一次失望地从政界引退。

自1912年归国,梁启超一腔豪情,期望将满腹经纶付诸实践,化为政绩,但在经历了与袁、段两次合作的失败后,他的政治理想终成了泡影。其功其过,在当时、在当今都众说纷纭。然就梁启超本人来说,其主观愿望是希望通过自己的从政行为及其政绩,为改革政治、纯洁社会尽一份责任,其报效祖国的献身精神是真诚可贵的。

1913年9月,他出任熊希龄内阁的司法总长,便有很多昔日同学、同志请他照顾、安置,梁启超公开发布《告乡中父老书》,向全社会宣告:"启超顷以时局艰难,勉负职任,只图负责,不敢怙权。顷在中央整躬率物,谢绝请托,破除情面,冀励末俗,成与维新,仰乡中父老兄弟人等,共体此意。"[①]他是这么说的,也是这么做的。每据一个岗位,梁启超总是尽心尽责,坚持改革。他担任司法总长,坚持"司法独立"的改革方向,强调严肃法律和严选法官,主张司法官与行政官分开,坚持审判专以法律为准绳的原则。他日以继夜,白天到部工作,夜间则伏案拟撰法案,努力把司法工作引上正轨。即使辞职之时,他还将一篇体现其改革中国司法主张的《呈请改良司法文》呈递给袁世凯。对币制局总裁这一闲职,他也一丝不苟,潜心钻研,在任内8个月时间提出了一整套改革理论和措施,希冀借此能对改革中国的币制金融有所建树,有所贡献。

1917年7月,梁启超就任段祺瑞内阁的财政总长,为了推动国家政治的廉正,在宪法研究会的大会上,梁启超宣布了他的"入阁主义":"宪法研究会昨开大会,梁任公报告入阁主义,在树政党政治模范,实现吾辈政策,故为国家计,为

---

① 丁文江、赵丰田编:《梁启超年谱长编》,上海:上海人民出版社,2009年版,第439页。

团体计,不得不牺牲个人,冒险奋斗,尤宜引他党于轨道,不可摧残演成一党专制恶果。吾人负此重责,愿诸君为后盾。"①

袁世凯为了阻止梁启超发表《异哉所谓国体问题者》,先是托人贿以梁启超二十万元,梁启超婉言谢绝,退回送来之款,并将该文录寄袁世凯。接着,梁启超收到了不少的匿名信,袁世凯又再度派人登门,希望梁启超放弃此举,并威胁说:你亡命已十余年,此种况味亦自饱尝,何必更自苦。梁启超听罢坦然笑曰:"余诚老于亡命之经验家也。余宁乐此,不愿苟活于此浊恶空气也。"来者语塞而退。②

袁世凯政府与日本政府谈判"二十一条",避地天津的梁启超拍案而起,奋笔疾书,写出了痛斥当局出卖中国主权的8篇文章,无情地揭露了日本侵华罪行和袁氏政权的卖国行径。日本当局大为恐慌,陆续派人到天津对梁启超进行"种种运动",梁启超一概予以严词拒绝。日本当局恼羞成怒,通过其报纸诬蔑梁启超接受了德国的贿赂,故意袒护德国,有的报纸还指责他"忘恩负义",梁启超对此坦然斥之。虽然梁启超对日本怀有特殊的感情,但这种情感一旦与国家利益发生碰撞,梁启超便毫不犹豫地让位于后者。他义正词严地说:"凡以正义待我者,无论何国,吾皆友之;凡以无礼加我者,无论何国,吾皆敌之。"③

护国战争期间,梁启超先是坐镇上海,遥控指挥,后来决定亲自南下,策动广西、广东独立。为了防范袁氏密探,梁启超一路上只能日夜蛰伏在船舱底锅炉旁一间贮邮件的小房中。船外大雪纷飞,舱底小屋的梁启超却挥汗如雨。即使在这样的条件下,梁启超还坚持写作,起草了通牒、宣言、公电等文件10余份。中途折道越南,在一农场躲避,等待广西使者到来,这10天是梁启超一生中最为艰辛的10天。这里无香烟可买,书亦读尽,况且一灯如豆,亦不可读,被褥污秽,跳蚤横行。更可怕的是,他未听主人以黑布裹头的劝告,被烈日炙脑,患上一种极危险的热病。晚上病卧床上,灯火尽熄,茶水俱绝,直到第二天人们以一种草药急

---

① 丁文江、赵丰田编:《梁启超年谱长编》,上海:上海人民出版社,2009年版,第534—535页。
② 丁文江、赵丰田编:《梁启超年谱长编》,上海:上海人民出版社,2009年版,第469页。
③ 梁启超:《中国时局与鄙人之言论》,张品兴主编:《梁启超全集》,北京:北京出版社,1999年版,第2764页。

治,才幸免于难。即使在这样的环境中,梁启超还赶写出了《国民浅训》一书,以作社会教育之教材。他在给女儿的信中说:"人生惟常常受苦乃不觉苦,不致为苦窘耳。更念吾友受吾指挥效命于疆场者,其苦不知加我几十倍,我在此已太安适耳。"①

在筹划军务院之时,广东军阀龙济光缺乏合作的诚意,将梁启超的使者在会谈现场枪杀。为了壮大护国力量,梁启超亲自前往,企图靠精诚感动龙济光。前一日梁启超与龙济光苦口婆心谈了十几个小时,第二天晚上,龙济光设宴欢迎梁启超,几十名龙军将领亦带枪出席。酒过三巡,龙的部将破口大骂护国军和护国将领,凶相毕露。梁启超拍案而起,横眉怒目龙济光等人,说道:"龙都督,我昨夜跟你讲的什么话?你到底跟他们说过没有?我所为何来?我在海珠事变发生过后来,并不是不知道你这里会杀人。我单人独马手无寸铁跑到你千军万马里头,我本来并不打算带命回去。我一来为中华民国前途来求你们帮忙;二来也因为我是广东人,不愿意广东糜烂,所以我拼着一条命来换广州城里几十万人的安宁,来争全国四万万人的人格。既已到这里,自然是随你们要怎样便怎样!"②一席话,正气横厉,声若响雷,将龙部悍将给镇住了。

蔡锷曾经钦佩地说:"帝制议兴,九宇晦盲。吾师新会先生居虎口中,直道危言,大声疾呼,于是已死之人心乃振荡而昭苏。先生所言,全国人人所欲言,全国人人所不敢言,抑非先生言之,固不足于动天下也。"③

梁启超的这些从政努力终归是失败了。他于这失望之中,更深刻地感受到国民性改造的紧迫性。他看到:"盖我国民事事都不让人,独有视国家事当作闲是闲非不愿多管之一念,实为莫大病根。此病根不除,国家终无振兴之日。国家不振,而欲身家安全发达,此必不可得之数也。"④所以在他从政失望之时,从

---

① 丁文江、赵丰田编:《梁启超年谱长编》,上海:上海人民出版社,2009年版,第495页。
② 梁启超:《护国之役回顾谈》,张品兴主编:《梁启超全集》,北京:北京出版社,1999年版,第4058页。
③ 蔡锷:《盾鼻集序》,张品兴主编:《梁启超全集》,北京:北京出版社,1999年版,第2848页。
④ 梁启超:《国民浅训》,张品兴主编:《梁启超全集》,北京:北京出版社,1999年版,第2836页。

教的念头便不时会萦绕心头。从政还是从教,这一矛盾在他的从政生活中始终困扰着他。

1913年4月,梁启超对从政倍感失望,心中苦恼至极,在给女儿的信中告知:"吾今拟与政治绝缘,欲专从事于社会教育,除用心办报外,更在津设立私立大学,汝毕业归,两事皆可助我矣。"①

1915年正月,中华书局发行的《大中华》杂志出版。梁启超为该杂志第一期撰文再次表明了"一切政治团体之关系,皆当中止"的意愿,并在这期的"发刊辞"上,历数亡国的种种现象,指出:"既未尝从社会方面培养适于今世政务之人才,则政治虽历十年百年终无根本改良之望。"②

在该杂志的第二期上,梁启超又发表了《政治基础与言论家之指针》,文章认为,实行现代的政治,必须具有相当数量的"器量学识才能誉望皆优越而为国人所矜式"的政治家,必须要有分门别类、各有专长的专家。政治家须"皆有相当之恒产,不至借政治为衣食之资",又具有"水平线以上之道德,不至揿弃其良心之主张而无所惜",还应该有力量镇压或纠正"特别势力"破坏法制的行为。而且,人民"既能为政治家之后援,亦能使政治家严惮"。要达到这一要求,"舍社会教育外,更有何途可致?"③

护国战争时,他由沪至桂,在隐匿帽溪牧场的日子里,用三天三夜完成一部三万余字的《国民浅训》。这是梁启超用于国民教育的通俗教科书,它深入浅出地讲解了近代社会的许多政治学问题:如何爱国,何谓立宪,为何立宪,什么叫自治,地方自治的内容,租税及公债、征兵、调查登录是公民应尽的义务,乡土观念和对外观念的关系,什么叫自由平等,什么是真正的爱国,中国的前途,等等。从这些条目就可看到梁启超对国民素质的基本要求。

护国战争结束后,1916年8月,梁启超在一次与报馆记者的谈话中再次提

---

①丁文江、赵丰田编:《梁启超年谱长编》,上海:上海人民出版社,2009年版,第433页。
②丁文江、赵丰田编:《梁启超年谱长编》,上海:上海人民出版社,2009年版,第456页。
③梁启超:《政治基础与言论家之指针》,张品兴主编:《梁启超全集》,北京:北京出版社,1999年版,第2796页。

道:"国中大多数人民政治智识之缺乏,政治能力之薄弱,实无庸为讳,非亟从社会教育上痛下功夫,则宪法基础终无由确立。此着虽似迂远,然孟子所谓'七年之病,求三年之艾,苟为不言,终身不得'。鄙人数年来受政界空气之刺激愈深,感此着之必要亦愈切。"①

后来,梁启超在《国体战争躬历谈》中谈及当年与蔡锷共谋举义时,曾约定事成之后退隐,以带头矫正国中竞争极烈之风,他说:

> 当在天津与蔡君共谋举义时,曾相约曰:今兹之役若败,则吾侪死之,绝不亡命;幸而胜,则吾侪退隐,决不立朝。盖以近年来国中竞争权利之风太盛,吾侪任事者宜以身作则,以矫正之。且吾以为中国今后之大患在学问不昌,道德沦坏,非从社会教育痛下功夫,国势将不可救,故吾愿献身于此,觉其关系视政治为尤重大也。今蔡君既以养病闲居,吾亦将从事于吾历年所经营之教育事业,且愿常为文字以与天下相见,若能有补国家于万一,则吾愿遂矣。②

这个退隐决心终于在一年多后付诸实施了。1918年10月,梁启超在与《申报》记者的谈话中,论及政治、著述不能两用的困惑。他说,如果涉足政治,势必荒芜了著述,"为能尽吾天职,故毅然中止政治生涯,非俟著述之愿略酬,决不更为政治活动,故凡含有政治意味之团体,概不愿加入"③。但在梁启超的内心深处,其政治情结依然如故。他很坦率地说:"我常常梦想能够在稍为清明点子的政治之下,容我专作学者生涯。"但又常常感觉:"我若不管政治,便是我逃避责任。"④有人后来回忆说:

> 民国七年以后梁先生绝意不再做官,致力于教育事业。那时我因为有点私事到天津去,顺路拜访他,和他漫无目的地谈起旧事来,偶然问他近来有

---

① 丁文江、赵丰田编:《梁启超年谱长编》,上海:上海人民出版社,2009年版,第512页。
② 丁文江、赵丰田编:《梁启超年谱长编》,上海:上海人民出版社,2009年版,第516页。
③ 丁文江、赵丰田编:《梁启超年谱长编》,上海:上海人民出版社,2009年版,第559页。
④ 梁启超:《外交欤?内政欤?》,张品兴主编:《梁启超全集》,北京:北京出版社,1999年版,第3410页。

没有政论发表,他回答我说:"从民国二年秋间参加熊内阁主持司法部,直到民国六年夏天在段内阁担任财政总长,对于政事都没有一件收到积极的效果,可说是自己没有做好,所以也就不愿再发表什么政论,免得给人说闲话。"说得非常谦虚,弦外之音,却包含了无限的感慨,真够耐人寻味。①

二、爱吾师尤爱真理

在反复辟的过程中,梁启超与康有为的关系又一次成为世人瞩目的热点。但这一次与维新时期不同,维新时期的康梁关系被世人传为佳话,这一次两人的关系则发展到公开决裂的程度。当年的师生,当年的战友,在反复辟的关键问题上,两人分道扬镳,形同水火。

关系的决裂当是康有为一意孤行所导致。对袁世凯的复辟,梁启超与康有为的态度都是持反对立场,但两人的出发点却是截然不同。梁启超是从赞成共和反对倒退这一立场旗帜鲜明地反对袁世凯复辟帝制,而康有为的赞成讨伐袁世凯则只是反对袁世凯当皇帝,对恢复大清正统却是情有独钟。1916年3月,梁启超决定前往广西策划两广独立,派人前往康有为处辞行。康有为对梁启超此举甚为嘉许,然接下去便大谈起他平昔所主张的复辟论,公然提出了复辟清室的主张,并且请来人转告梁启超,若不相从,从此恐成敌国。其言甚长而厉,令来人咋舌,师生关系的紧张因政治主张的分歧已到剑拔弩张的地步。康有为首先以师生关系为挟向梁启超提出了警告,这显然已非一日之寒。

袁世凯取消帝制后,康有为迫不及待地于4月4日在《上海周报》上刊登了《为国家筹安定策者》一文,公开鼓吹清室复辟。梁启超对此思考了一个月,虽然没有关于梁启超思想踌躇的材料,但一个月的沉默时间足可见梁启超在感情上的抉择是痛苦的。5月4日,梁启超在《时事新报》上发表了《辟复辟论》,对康有为

---

① 贾士毅:《民国初年几任财政总长·梁启超》,夏晓虹编:《追忆梁启超》,北京:中国广播电视出版社,1997年版,第254页。

的复辟言行进行了公开的抨击,直斥"逍遥河上之耆旧,乃忽仰首伸眉,论列是非,与众为仇,助贼张目"①。接着,梁启超又为滇、黔、粤、桂四省都督起草了一份反复辟的通电,坚定地宣告:"国体不许变更,乃国民一致之决心,岂有不许袁贼,独许他人之理?如有再为复辟之说者,继尧等即视为蔑弄《约法》之公敌,罪状与袁贼同,讨之与袁贼等。"②

但是,康有为依然一意孤行。1917年7月,他协助张勋从故宫中抬出了清废帝溥仪,宣布恢复大清帝国。梁启超闻讯,不仅立即加入段祺瑞部队参赞其反复辟的军事行为,而且发表了《反对复辟电》,一针见血地指出:"此次首选逆谋之人,非贪黩无厌之武夫,即大言不惭之书生。"批判的锋芒直指张勋和康有为等复辟势力。有人对梁启超的这一做法感到惊讶,劝他为老师留点面子,梁启超义正词严地回答说:"师弟自师弟,政治主张则不妨各异。吾不能与吾师共为国家罪人也!"③对这一做法,康有为是绝不能接受的。他不能理解昔日的弟子何以敢与老师公开对抗,用"恼羞成怒"来形容此时的康有为是最恰当不过的。张勋复辟失败后,康有为不去反省自己的过错,反而将一肚子火气全部发泄于梁启超身上。他用十分恶毒的语言写了一首诗,咒骂梁启超违背伦常,禽兽不如。至此,两人的关系已是彻底决裂。

梁启超的这一做法,是耶?非耶?历史对此恐怕没有更多的异议。人们对此感兴趣的话题多是在维新时期被誉为佳话的师生何以会走向分裂,而从中折射出来的文化内涵恐怕更值得人们咀嚼。

康有为与梁启超的师生关系是以思想与政治观点的一致为基础的。维新时期的康有为站在时代潮流的谷峰浪尖,叱咤风云,其思想其胆魄在当时都对国人具有一种振聋发聩的启蒙作用。而年轻的梁启超信奉着这一启蒙思想,崇拜着这一政治理想,故而他对康有为的追求几乎可以用"亦步亦趋"来形容。他自己也说"无一字不出于南海",便可见这一时期师生关系的亲密无间了。

---

① 梁启超:《辟复辟论》,张品兴主编:《梁启超全集》,北京:北京出版社,1999年版,第2916页。
② 梁启超:《反复辟通电》,张品兴主编:《梁启超全集》,北京:北京出版社,1999年版,第2965页。
③ 经堂:《康有为与梁启超》,转引自马洪林:《康有为大传》,沈阳:辽宁人民出版社,1988年版,第559页。

教育近代化中的梁启超

但是,世界资本主义潮流对中国传统社会的冲击是前所未有的,导致中国近代社会变革迅猛异常。这里便向近代中国人提出了一个十分现实而又十分严峻的问题,即人们是否具有足够的心理准备。这里讲的心理准备是广义的,它包含时代眼光、知识结构等要素。所以更准确讲,应该是人们的素质更新是否适应了近代社会变革的需要。当康有为、梁启超们向社会疾呼广开民智之时,素质更新的问题同样也降临到他们自己身上。

康有为拒绝了素质更新。他为维新运动时期的成就所陶醉,以"先知先觉"自居,以"吾学三十岁已成,此后不复有进,亦不必求进"自负。在流亡海外后,面对"欧风美雨"的冲击而故步自封,康有为思想便开始趋于僵化保守。而梁启超则与他恰好相反,他如饥似渴地吮吸着西方资产阶级文化养料,并以现代思想、现代理论来调整自己的思想,他与康有为的思想距离便由此反向拉开,师生之间的思想裂痕便不可避免地出现了。

在迅猛变革的时代潮流之中,一个坚持思想"不必求进",一个"以冲抉罗网造出新思想自任",这就根本动摇了康、梁师生关系的思想基础。于是在一些重大问题上两人自然便想不到一块儿,谈不到一块儿了。在流亡海外之时便出现了梁启超对康有为尊孔保教思想的"屡起而驳之"之举,出现了梁启超联合韩文举、欧渠甲、唐才常等"康门十三太保"劝康有为退出政坛,主张共和之举。辛亥革命后,对共和政体的看法两人又出现分歧。康有为根本反对共和政体,他抨击国会、政党,斥责自由平等,讥讽代议政治。虽然这其中有不少言论是针对袁世凯独裁政治而言,但他的立场绝对不是为了维护共和政体,而是梦想着恢复前清的帝制。梁启超则在民主共和的潮流之下,放弃了"虚君共和"的方针,对既成的民主共和政体予以默认。虽然他对民初的政治现象也心怀不满,但他的立足点是要建立一个平和的、有秩序的民主政体,他追求的是资产阶级的立宪政治。目标的不同,自然导致了行动的分歧,自然也产生了诸多的指责和不满。而一旦面临复辟与反复辟这个关键问题,两人的公开决裂便不可避免了。

康有为对梁启超公开对抗的做法不能理解乃至恼羞成怒,又与他死抱着传统的师生观有直接的关系。传统的师生观脱胎于小农经济条件下的雇佣关系,它是宗法血缘制度的变种。师傅收徒弟,贵族养游士,老师招学生,都蕴涵着一种人身依附的契约关系。随着君主专制政治的影响,这种借师生之名而行党派之实的风气愈演愈烈,学生对老师的绝对服从几成教育界的铁律。康有为习惯以"先觉"对待国人,对弟子更是如此,居高临下,唯我独尊,大行家长作风,弟子稍有不同意见,动辄训斥责备。梁启超曾说:"启超既日倡革命排满共和之论,而其师康有为深不谓然,屡责备之,继以婉劝,两年间函札数万言。"①康有为喜欢看到梁启超"得书怦怦自省"的服从态度,习惯了梁启超"熟诵数次,汗流浃背甚矣"②的虔诚之情。梁启超所谓"大抵与师论事,无论何人决不能自申其说"的情景,足可见康有为在对待学生的态度上是一副专横跋扈的心态。在近代社会迅猛变革的形势下,欲以此维持师生关系,自然经不起时代的风浪。

梁启超追求真理的精神,在对待老师的态度上又一次鲜明地体现出来了。梁启超并非忘恩负义之人,他尊敬康有为,尊重康有为。康有为70岁生日,梁启超用真挚的情感写出了情文并茂的寿联和寿文,并毕恭毕敬地亲自以楷书书于寿屏。康有为逝世之后,梁启超对老师的评价和崇敬之情依然不减。但是,在真理面前,在关系到国家前途的关键问题,梁启超认为含糊不得。他在《公祭康南海先生文》中依然说道:"复辟之役,世多以此为师诟病,虽我小子,亦不敢曲从而漫应。"③这就是梁启超对老师的敬爱之情。

三、旅欧回来话观感

1919年10月中旬,北京还是秋高气爽的好节气,法国的巴黎却已是一派穷冬闭藏的景象。天空总是阴霾霾的,欲雨不雨,间或从层云叠雾中闪出一些太阳的光线,更增添了天地间一股寒冬的肃杀之气。离巴黎不远的白鲁威是巴黎人的避暑胜地,然节令已过,这时也是满天地的萎黄凋谢,黄沙荒碛。梁启超与他的考察团就住在这里。院落很大,楼房也雅致,但避暑的别墅未备有御寒的设施,加之第一次世界大战结束不久,煤炭紧张,御寒只好靠那半干不湿的木柴和煤气

---

① 梁启超:《清代学术概论》,张品兴主编:《梁启超全集》,北京:北京出版社,1999年版,第3100页。
② 丁文江、赵丰田编:《梁启超年谱长编》,上海:上海人民出版社,2009年版,第209页。
③ 梁启超:《公祭康南海先生文》,张品兴主编:《梁启超全集》,北京:北京出版社,1999年版,第5214页。

厂蒸取过煤气的煤渣。梁启超和他的同伴们就这样整日坐在一间丈把平方的屋子里,傍着一个不生不灭的火炉,围着一张亦方亦圆的桌子,各人埋头埋脑地做着各自的功课。梁启超的《欧游心影录》就是在这样的冬天完成的。

1918年底,第一次世界大战结束,协约国在巴黎召开和会,梁启超决定以私人的名义参加这次会议。梁启超的想法是,一方面自己想求点学问,看看这空前绝后的历史剧怎样收场,以拓一拓眼界;另一方面,他还在做着正义人道的外交梦,以为这次和会真是要把全世界不合理的国际关系根本改造,立个永久和平的基础。于是想以私人的名义将国家的冤苦向世界舆论申诉,也算尽了一二分国民的责任。另外,梁启超还有一个想法,就是从政坛引退之后还是想在思想文化领域做一些探索,为中国的发展寻求一个药方。他由北京去上海与同行的蒋百里、刘子楷、丁文江、张君劢、徐振飞、杨鼎甫等人汇合,与同伴们畅谈了一通宵,"着实将从前迷梦的政治活动忏悔了一番,相约以后决然舍弃,要从思想界尽些微力。这一席话要算我们朋辈中换了一个新生命了"[①]。他们怀着这样的目的与愿望登舟远航,希冀着在西方的考察中能获得某种启迪。

1919年1月,他们到达伦敦,在那里他们列席了英国国会下院旁听,并四处参观访问。接着去了法国,旁听了正在进行的巴黎和会,参观了一次世界大战中的法德战场,凭吊了凡尔登要塞。6月,他们又游历了布鲁塞尔、都灵、米兰、罗马等20多个城市,之后返回了巴黎。沿途的自然风光,各地的风土人情,一次大战的战场,资本主义国家的危机,欧洲无产阶级革命的浪潮,都给了梁启超以深刻的印象。他觉得有必要将西方国家的新情况介绍给国人,有必要让国人从中能把握住世界趋势。其实他自己也想坐下来将这思绪理一理,冷静地思考一下对策。于是就在那个寒冷的冬季,就在那个他们称之为深山道院的寓庐,梁启超写下了自己旅欧的所见所闻所感。

梁启超向国人介绍了第一次世界大战后欧洲资本主义国家的种种危机。大战虽然结束,但战争的隐患依然存在,资本主义社会因战争而元气大伤,贫富阶级对立加剧,罢工风潮此伏彼起。梁启超看到:"所以全社会人心,都陷入怀疑、

[①] 丁文江、赵丰田编:《梁启超年谱长编》,上海:上海人民出版社,2009年版,第562—563页。

沉闷、畏惧之中，好像失了罗针的海船遇着风遇着雾，不知前途怎生是好。"

那么，这一切变化的原因何在？梁启超分析了两点：一个原因是自由主义思潮的泛滥，尤其是生物进化论和自己本位的个人主义产生后，更使"生存竞争，优胜劣败"的原则深入人心，成为人们生活的金科玉律。于是，个人崇拜势力，崇拜金钱，国家则推崇军国主义，推崇帝国主义，社会的一切祸根便由此而起。梁启超断言，这次全世界的国际大战争便是由此而起，将来各国内阶级大战争也必然由此而起。另一个原因便是人们过分相信科学万能。近代科学的发达，将整个社会生活从根底上翻新，这使人们益发相信科学能带来黄金世界，而全然不顾什么宗教、哲学、道德。人们认为人类精神也是受着那"必然规律"所支配，所以无所谓善恶无所谓责任。剩下的只有一条，那就是自由竞争，就是弱肉强食，军阀、财阀、强权主义都是从这条路上产生出来，给人类社会带来了巨大的灾难。

据此，梁启超告诉国人，由于自由放任主义，由于相信科学万能，膨胀了人们的物质欲望，压抑了人们的道德束缚和精神追求，引发了社会的竞争行为，导致了贫富悬殊，从而带来了社会的动荡和人类的灾难。

那么，欧洲近代文明会不会走向衰亡？梁启超的答案是否定的。他通过对欧洲的考察，认定近代欧洲文明不会灭绝。他分析道，欧洲历年来物质上精神上的变化，都是由"个性发展"而来，现在还日日往这条路上去做。梁启超的这个判断，将人类社会发展的根本动力引向了精神力量。他认为近代欧洲的进步是由过去的贵族文明转向了今天的群众文明，是靠全社会一般人个个自觉日日创造出来的。现在的欧洲人还在日日求自我的发展，对于外界的压迫，百折不回地在那里反抗，日日精进。所以欧洲近代文明不会衰亡。

更为重要的是，梁启超看到，欧美科学家依据"个性发展"的动力因素，从科学上找到了一个真正的安身立命之所在。"在社会学方面，就有俄国科尔柏特勤一派的互助说，与达尔文的生存竞争说相代兴"；"在哲学方面，就有人格的唯心论、直觉的创化论种种新学派出来，把从前机械的唯物的人生观，拨开几重云雾"。这些新理论，强调了人们的互相扶助，就是发展自己的唯一手段。而人类心理的性能,完全是在适应外界中而渐次发达。这就是"意力和环境互相提携便成进化"的道理。

这些新理论给梁启超以巨大的启发。他从中领悟到,只有个人的人格发展与社会环境的进步相结合,是社会前进的强大动力。他认为,只要努力提升每个人向上的"人格",就能抑制人们的物质欲望,就能够消除弱肉强食的竞争,就能够从根本上消除人类的灾难。梁启超指出,这"人格"离了各个的自己是无所附丽的,但专靠各个的自己也不能完成。想自己的人格向上,唯一的方法是要社会的人格向上。然而社会人格本是从各个自己化合而成,因此,想要社会的人格向上,唯一的方法,又是要各个自己的人格向上。归根结底,人格的力量乃是人类进步的根本力量。

梁启超终于找到了他所需要的药方,那就是人格修养是医治社会弊病的灵丹妙药。他兴奋地指出:"这些见地,能把种种怀疑失望,一扫而空,给人类一服'丈夫再造散'。"他告诉国人,这个理论的实践普及,受到这次世界大战的阻挠,未能再进一步。欧洲人经过这次战争的剧痛后,一定会从这条路上打开一个新局面来。①

那么,中国人该怎么办?梁启超洋洋洒洒地谈了13条意见:第一,我们须知世界大同为期尚早,国家一时断不能消灭;第二,我们万不可有丝毫悲观,说中国要亡了;第三,从前有两派爱国之士各走了一条错路,甲派想靠国中固有势力渐行改革,乙派要打破固有势力;第四,我们须知,天下事是急不来的,总要把求速效的心事去掉,然后效乃有可言;第五,国民树立的根本义,在发展个性;第六,要个性发展,必须从思想解放入手;第七,提倡思想解放,自然靠这些可爱的青年;第八,我们中国人最大的缺点,在没有组织能力,在没有法治精神;第九,现今在南北军阀蹂躏之下,固然无政治可言,但军阀终究会倒的,倒了过后政治就会改良吗;第十,地方自治;第十一,讲到国民生计上,社会主义自然是现代最有价值的学说;第十二,国民运动;第十三,中国人对于世界文明之大责任。

---

① 梁启超:《欧游心影录》,张品兴主编:《梁启超全集》,北京:北京出版社,1999年版,第2976—2977页。

这些意见的核心点,梁启超用了一个很时髦的词:思想解放。这里讲的思想解放,是要求人们摆脱一切思想的诱惑,求出个真知灼见。要摆脱一切思想的诱惑,就是不许有一毫先入为主的意见束缚自己,做到空洞洞如明镜照物,既不可拿孔孟程朱的话作金科玉律,也不可盲目地拿马克思、易卜生的话当金科玉律。梁启超指出,"曾经圣人手,议论安敢到",这是韩愈极无聊的一句话。圣人做学问,便已不是如此。孔子教人择善而从,不经过一番选择,何由知得他是善?只是这个择字,便是思想解放的关目。欧洲现代文化,不论物质方面精神方面,都是从"自由批评"产生出来。批评岂必尽当,于是必然要经过一番审视,便是开了社会思想解放的路。互相启发,互相匡正,真理自然日明,世运自然日进。梁启超强调,倘若拿一个人的思想作金科玉律,衡量一世人心,无论其人为古人为今人,为凡人为圣人,无论他的思想好不好,总之是将别人的创造力抹杀,将社会的进步勒令停止了。梁启超指出,中国千余年来,学术所以衰落,进步所以停顿,都是为此。

面对正在兴起的新文化运动,梁启超奉劝国中老师、宿儒,千万不要因此着急。任凭青年纵极他的思想力,对于中外古今学说随意发生疑问,就是闹得过火,有些"非尧舜,薄汤武",也不要紧。如果那些年轻人的话没有价值,自然无伤日月,管他则甚?如果那些年轻人的话危及人心世道,就请痛驳起来,驳得针锋相对,丝丝入扣,孰是孰非,自然见个分明。若单靠禁止批评,就算卫道,这是秦始皇偶语弃市的做法,能够成功吗?他强调,思想解放只有好处,并无坏处,我苦口谆劝那些关心世道人心的大君子,不必反抗这个潮流罢。①

梁启超清醒地意识到,中国近代社会在经历了物质与制度层面的变革之后,已经进入精神层面的变革,中国新文化的建树已经成为中国社会进一步发展的必然课题。梁启超也敏锐地看到,新文化运动的兴起正是顺应这一潮流的新契机。但他绝不承认那些高喊"民主""科学"的新文化运动闯将们所开的救世药方,他亲自到欧洲游历就是想为自己的理论寻求根据,寻求子弹。这个目的他达到了。这次旅欧,梁启超看到当年高喊科学万能的资本主义国家已深陷于各种灾

---

① 梁启超:《欧游心影录》,张品兴主编:《梁启超全集》,北京:北京出版社,1999年版,第2980—2981页。

难之中,西方资本主义并不是理想的社会,西方资产阶级学说也并不能根本解决深刻的社会问题。相反,西方许多思想家开始从东方文化中寻求疗治社会弊病的药方,这便使梁启超大为振奋,多年来他一直忧虑的文化危机感顿时释然。他觉得有必要、有责任来承担这么一项事业,发扬光大中国的传统文化,不仅用之于救中国,而且要用之于影响世界,拯救世界。

按梁启超的设想,中国新文化的建树就是要拿西洋的文明来扩充我国的文明,又拿我国的文明去补助西洋的文明,把它们化合起来成为一种新文明。

梁启超的热情是无可非议的。他一旦认定一个目标,就视其为一种事业,就视其为一种责任,就视其为一种救国救民的使命。他希望全国的青年能够顺应这一潮流,自觉承担起构建新文化新文明的历史责任。他要求青年们,第一步,要人人存一个尊重爱护本国文化的诚意;第二步,要用西洋人研究学问的方法去研究它,得它真相;第三步,把自己的文化综合起来,还拿别人的文化补助它,叫它起一种化合作用,构成一个新文化系统;第四步,把这新文化系统往外扩充,叫人类全体都得着它的好处。梁启超满怀信心地表示,我国人口占全世界人口的四分之一,我们对于人类全体的幸福,该尽四分之一的责任。不尽这份责任就是对不起祖宗,对不起同时的人类,也对不起自己。①

---

① 梁启超:《欧游心影录》,张品兴主编:《梁启超全集》,北京:北京出版社,1999年版,第2985—2987页。

第七章

未学英雄先学道，肯将荣瘁校群儿

老年梁启超

一、教育改革倡人格

1920年3月,梁启超访欧归来,他在给女儿的信中说:"吾自欧游后,神奇益发皇,决意在言论界有所积极主张。"①自是,梁启超又精神抖擞地投入到他的理想之中去了。年近五十的梁启超正值年富力强,更重要的是他又被一种新的理想所激励,故而他觉得有使不完的劲儿。他以全部精力投身于文教事业和讲学活动,想全力推动国民教育事业。

在民国最初几年中,梁启超就深感提高国民素质对于社会改革的重要性,到欧洲旅游,梁启超对这个问题有了更深入的思考。他游览法国的王尔莎士、洛林两州,对这个被德国占领49年再失而复得的地方深有感触,其中给梁启超最多刺激的,就是法国人民的爱国热诚。他看到在被德国占领时期,法国人民无论男女老幼,无论识字不识字,都把这件事当作私仇私恨一般,痛心刻骨,每饭不忘。法国之所以能够轰轰烈烈站在世界前头,就是靠着这点精神贯注。在梅孜的一座公园,他看到了一座法国兵卒的雕像,这原来是德皇维廉第一的铜像,而现在将其推倒重塑了一个法国兵卒的形象。他十分欣赏这一深长美善的用意,它表示出一国中历史上的大事业,并不是一两位名人做出来的,乃是由大多数无名人做出来的。这也更使梁启超认识到国民教育的重要性和紧迫性。

欧洲的旅游,也使梁启超开始反省自己走过的路,反思中国近代改革所走过的路。他认为从前两派的爱国人士,本心都是为了爱国,却各自走了一条错误之路,那就是只依靠少数人而弃大多数国民于不顾。从前的立宪党,是立他自己的

---

① 丁文江、赵丰田编:《梁启超年谱长编》,上海:上海人民出版社,2009年版,第581页。

宪，干国民什么事？革命党也是革他自己的命，又干国民什么事？这和民主主义运动的原则根本背驰，20年来的种种失败，其原因都在此。他认为，今日若是大家都承认这个错处，抛弃掉那种利用军人、利用官僚的卑劣手段，抛弃掉那种运动军人、运动土匪的卑劣手段，从国民全体上下功夫，而不从一部分可以供我利用之人下功夫，才是真爱国，才是救国的不二法门。①

梁启超的这一反思是真诚的。民初几年政治活动的失败，使他认识到当时鼓吹国权主义，企图依靠统治集团进行自上而下的改革是行不通的。自欧洲归国后，梁启超在几年中连续发表了一系列文章，鼓吹国民运动，表达了他对救国之路的重新思考。1921年12月，他在对北京高师学生做的一次演讲中坦然地解剖自己：

> 我近来却发现了自己一种罪恶！罪恶的来源在哪里呢？因为我从前始终脱不掉"贤人政治"的旧观念，始终想凭借一种固有的旧势力来改良这国家。所以和那些不谙共事或不愿共事的人，也共过几回事。虽然我自信没有做坏事，多少总不免被人利用我做坏事。②

自此，梁启超鼓动着国民运动，通过加强国民教育，提高国民素质，为国家和社会的改革做着预备的功夫。梁启超认为，国民运动的根本目的，是养成做共和国民的资格。人们如果愿意管理政治，就要靠国民运动来表示意志；人们如果要管理政治，就要靠国民运动来争这个权利；人们如果要学会管理政治，要靠国民运动来练习这种技能。所以国民运动的意义在于培养和锻炼国民的政治意识、宪法观念和民主思想。这个观点，实际上强调了国民素质的提高是中国走向民主富强的根本前提。这一思想与梁启超在戊戌变法中的开民智主张，留日期间的新民主张是一脉相承的。

但梁启超的国民教育思想又与早期的教育救国思想有所不同。当年他鼓吹开民智，但并没有意识到在旧社会的束缚下，民智是不可能更新的。在旅欧期

---

① 梁启超：《欧游心影录》，张品兴主编：《梁启超全集》，北京：北京出版社，1999年版，第2978页。
② 梁启超：《外交欤？内政欤？》，张品兴主编：《梁启超全集》，北京：北京出版社，1999年版，第3410页。

间,梁启超则认识到如果社会政治不改革,国民素质是不可能提高的。因此,他鼓吹国民运动,也正是想借这一社会运动以推动国民教育的开展。从这一点来看,梁启超的教育改革思想显然又深入一步了。

梁启超认为,国民教育的根本宗旨就是养成共和国民的资格,就是养成现代国民。那么,怎样才算是一个现代国民?他认为重要的素质应该有三点:第一是政治意识和责任心,第二是自觉心,第三是团结心。而要提高这些素质,梁启超指向了人格的培养。他在给清华大学学生的演讲中说:"现在学校的人,当然是将来中国的中坚。然而现在学校里的人,准备了没有?准备什么样来担任这个重大的责任?智识才能固然是要的,然而道德信仰——不是宗教——是断然不可少的。现在时事糟到这样,难道是缺乏智识才能的缘故么?老实说,什么坏事不是智识才能分子做出来的?"[①]所以梁启超认为,要提高国民素质,加强科学文化知识的学习固然十分重要,但加强道德与人格的培养更为重要。

正基于这一认识,梁启超认为学校教育必须改革。教育乃立国之根本,如果不行根本改革则社会无望。那么,教育该如何改造?梁启超并未像戊戌变法时期那样,提出较为系统的意见,他只是在各地的演讲中,在学校上课中涉及了对教育的看法。综合这些看法,给我们一个印象,梁启超对当时学校教育的不满,归根结底,是认为当时教育所缺乏的是精神,是一种足以体现时代特色的教育精神。弘扬一种教育精神既是传统教育的精髓之所在,也是中国教育近代化的宗旨之所在。梁启超正是在这一点上,追随着近代教育改革的潮流,对如何加强人格培养,大致提出了这么几个观点。

第一,人格养成是学校教育的根本宗旨。

梁启超刚回国,1912年10月下旬,在北京大学的讲话中就强调:"普通学校的目的,在养成健全之人格,与其生存发展于社会之能力。"他认为这是全教育系统的精神。作为高等学府,其"特别之目的为何?曰研究高深之学理,发挥本国之文明,以贡献于世界之文明是焉"。他特别痛恨晚清时期的学风,虽然学制更

---

① 丁文江、赵丰田编:《梁启超年谱长编》,上海:上海人民出版社,2009年版,第735页。

新了,然以奖励科举出身为诱饵,养成学生以做官为求学的目的,导致兴学十几年,不仅学问不发达,而且通国学生,不知学问为何物。所以他特别要求学生:"是以鄙人今所更欲为诸君勉者,则望诸君以学问为目的,不当以学问为手段。盖大学为研究学问之地,学问为神圣之事业,诸君当为学问而求学,于学问目的之外,别无他种目的,庶不愧为大学生。"①

做学问的目的是什么,梁启超强调根本的目的是学会做人。他明确地说:

> 教育是什么?教育是教人学做人,学做现代人。身子坏了,人便活不成或活得无趣,所以要教给种种体育。没有几件看家本事,就不能养活自己,所以要给他种种智育。其他一切教育事项虽然很复杂,目的总是归到学做人这一点。②

怎样在学习的过程中学会做人,梁启超有一个核心的观点:"我想把中国儒家道术的修养来做底子,而在学校功课上把它体现出来。"③就是说,在学知识做学问的过程中,加强人格修养。正是在这一视角下,梁启超对当时的学校教育状况十分不满。他在清华大学的一次讲演中,指出了当前学校教育的弊端:一是全国学风都追求急功近利,各级学校竞相以片断的智识相夸耀,谈到儒家道术的修养,都以为迂阔不入耳;二是学校活动多变成整套的机械作用,上课下课,闹得头昏眼花;三是大多数学生只是为文凭而来,谈不上所谓意志。他指出,现在中国的学校,简直可以说是贩卖知识的杂货店。许多教员从外国回来,充满了知识,都在此发售。文哲工商,各有经理。一般来求学的,也完全以顾客自命,学生在教室里若能买得一点,便算好学生。无论大学、中学、小学,都努力于知识的增加,从不注意修养方面。整天摇铃上课,摇铃下课,尽在历史、地理、物理、化学中间转来转去。梁启超的这些批评是切中要害的,他在各地的讲学中总是尽自己的努力力争扭转这种趋势。

---

① 梁启超:《莅北京大学校欢迎会演说辞》,张品兴主编:《梁启超全集》,北京:北京出版社,1999年版,第2528页。
② 梁启超:《教育与政治》,张品兴主编:《梁启超全集》,北京:北京出版社,1999年版,第3995页。
③ 丁文江、赵丰田编:《梁启超年谱长编》,上海:上海人民出版社,2009年版,第734页。

第二,人格养成要以中国传统文化作基础养料。

为什么人格修养要以中国儒家道术来做底子,梁启超认为,西方文化不能很好地解决社会发展的深刻问题,只有中国传统文化才具有真正促进人格发展的基因。他说:"本来人生方面,也只有智、情、意三者。不过欧人对主智,特别注重;而于主情、主意,亦未能十分贴近人生。盖欧人讲学,始终未以人生为出发点。至于中国先哲则不然。无论何时代何宗派之著述,夙皆归于人生这一途。"①

他以人生观的建构为例。梁启超认为,人格的养成,很重要的一条是树立一种高尚美满的人生观。人生观是一个人的精神支柱,它能主导一个人的精神生活,并能制约人的物质生活,使人的精神生活达到绝对自由的境界。古人所谓"浩然之气"便是此意。那么,美满人生观的建构应以什么文化作养料? 1923年1月,他在行将结束东南大学讲学的讲演中,将自己的人生观向同学们做了介绍。他强调,他的人生观主要是从儒家经典和佛教学说中受到启悟,儒学与佛学的理论在两个方面对他的人生观很有帮助:

第一方面,宇宙人生是不可分的。宇宙绝不是另外一件东西,乃是人生的活动,故宇宙的进化,全基于人类努力的创造。所以《易经》中说:"天行健,君子以自强不息。"因为宇宙是不圆满的,正在创造中,待人类去努力,所以天天流动不息。由此,方知人们的活动,人类的努力也永不会停止。现在的宇宙,离光明处还远,不过走一步好一步。因而人生不能不活动,有活动,就不必往结果处想,尤其不可有奢望。因为宇宙和人类的进步绝非一步升天。只要去做去努力,即便有所失误,也不必忧虑。

第二方面,人不能单独存在。其物质构成与精神组合都与他人、与社会紧密相连。所以人格专靠各个自己,是不能完成。假如世界没有别人,我的人格,从何表现?譬如全社会都是罪恶,我的人格受了传染和压迫,如何能健全?由此可知要想自己的人格向上,唯一的方法,是要社会的人格向上。所以孔子教人:"己欲立而立人,己欲达而达人。"所谓立达,是要立达人类。立达人类,就是立达自己。

---

① 梁启超:《治国学的两条大路》,张品兴主编:《梁启超全集》,北京:北京出版社,1999年版,第4069页。

孔子之"毋我",佛教之"无我",都是在强调要免除私忧,将许多无谓的计较扫除。如此就可以达到"仁者不忧"的境域。有忧时,就应该做到"先天下之忧而忧",为他人、为人类而痛苦。免除私忧,即所谓免烦恼。

由于梁启超从中国传统文化中获取了人生观的养料,获取了生活的动力,他感觉十分愉快。他对同学们说:"我常觉快乐,悲愁不足扰我,即此信仰之光明所照。我现已年老,而趣味淋漓,精神不衰,亦靠此人生观。"[1]

第三,人格养成要从知、情、意三方面构筑。

关于人格养成,梁启超还提出了一个意见,即要从知育、情育、意育三个方面来构筑完整的人格。梁启超认为,现在学校普遍提倡智育、德育、体育,其实不对,德育范围太笼统,体育范围太狭窄,不能真正对人格养成有帮助。梁启超从近代心理学的知、情、意三要素,对应上中国传统人格的知、仁、勇三要素,遵照孔子"知者不惑,仁者不忧,勇者不惧"的古训,提出人格养成要通过知育教人不惑,通过情育教人不忧,通过意育教人不惧。1922年12月,在对苏州学生联合会的演讲中,梁启超具体阐述了人格养成达到不惑、不忧、不惧的途径。

怎样才能做到不惑?梁启超认为关键要养成学生的判断力。这至少要做三方面的功夫:第一步,最少须有相当的常识;进一步,对于自己要做的事须有专门的智识;再进一步,还要有遇事能断的智慧。梁启超认为,这三件都是知育的要件,目的是教人做到知者不惑。

怎样才能做到不忧?梁启超从分析"仁"字出发,指出人格不是单独一个人可以表现的,要从人与人、人与自然的关系中看出来,要通过彼此交感互发,成为一体,然后一个人的人格才能实现。一个人只有具备了"仁"的人生观,他才会感觉不到孤独,感觉不到悲观,他才会时时进取,才不会去忧成败,忧得失。因为宇宙和人生是永远不会圆满的,才永远容得我们去创造进化,才使我们永远没有成

---

[1] 梁启超:《东南大学课毕告别辞》,张品兴主编:《梁启超全集》,北京:北京出版社,1999年版,第4161页。

败、得失的感觉。这样的生活纯然是趣味化艺术化,这就是最高的情感教育,目的是教人做到仁者不忧。

怎样才能做到不惧?梁启超认为一个人如果意志力薄弱,即便既使有很丰富的智识,临时也会用不着;即便既使有很优美的情操,临时也会变了卦。那么意志怎样才会坚强呢?第一要心地光明,平时养浩然之气;第二不要为劣等欲望所牵制,人一旦被物质上无聊的嗜欲东拉西扯,那么"百炼钢"也会变为"绕指柔"了。这就需要时时刻刻做磨炼意志的功夫不可,这便是意育的目的,教人做到勇者不惧。

梁启超指出,现在的学校教育,情育和意育完全没有,剩下的知育,也只有所谓的常识和学识。至于用总体智慧来养成根本的判断力这一条,却是一点儿也没有。这种"贩卖智识杂货店"的教育,根本就是耽误学生的人生前途。[①]

第四,人格养成要以科学精神作修养的工具。

那么,依据什么原则来加强人格修养?梁启超提出了一个很有意义的观点,那就是用科学精神来作为人格修养的工具。1922年8月,在南通科学社年会上,梁启超指出,中国人对待科学的态度,有根本不对的两点:其一,把科学看得太低了、太粗了。几千年来,受"道本器末"传统观念的影响,多数人认为科学无论如何高深,总不过是属于艺和器那部分。这部分原是学问的粗迹,懂得不算稀奇,不懂不算耻辱。其二,把科学看得太呆了、太窄了。很多人只看到了科学研究所产生结果的价值,而不知道科学本身的价值。大家只有数学、几何学、物理学、化学等概念,而没有科学的概念,不懂得各种学问是靠科学精神才能研究出来。梁启超指出:"中国人对于科学这两种态度倘若长此不变,中国人在世界上便永远没有学问的独立,中国人不久必要成为现代被淘汰的国民。"[②]

[①] 梁启超:《为学与做人》,张品兴主编:《梁启超全集》,北京:北京出版社,1999年版,第4064—4066页。

[②] 梁启超:《科学精神与东西文化》,张品兴主编:《梁启超全集》,北京:北京出版社,1999年版,第4006页。

那么,什么是科学精神?梁启超给它下了一个定义:"有系统之真智识,叫做科学;可以教人求得有系统之真智识的方法,叫做科学精神。"对这个定义,梁启超从三层进行了解读。第一层,求真智识,即对一事物的性质要有真知灼见;第二层,求有系统的真智识,即要探求这一事物与那一事物之间的相互关系,并由此推彼,得出所已知求出所未知,求得事物的普遍性和因果律;第三层,是可以教人的真知识,即凡学问有一个要件,要能"传与其人",其方法能普及社会,使人人都可以学会研究问题,人人都可据此发明。具备了这三层含义便是科学精神。[1]

梁启超强调,这种科学精神的运用,不但要应用于求知识,还要用来做自己人格修养的工具。就是说,学问研究与人格修养本是合二为一的。例如,当研究一个问题时,态度应如何忠实,工作应如何耐烦,见解要如何独立,整理组织应如何治理而且细密,这既是求知识的推求,又是求道术的修养,两者是打成一片的。1927年初夏,梁启超在与清华大学学生的谈话中要求大学生将这二者结合起来,用科学精神来作人格修养的工具。他强调,这个人格修养,不是参禅打坐式的空修养,而是如王阳明所谓的事上磨炼。比如运用科学方法进行学术研究,比如朋友间相处,比如一切的应事接物,都是我们用力的机会。梁启超以自己为例:他说,他来清华任教的目的,主要从两方面着力:一是做人的方法,为社会造成一种不逐时流的新人;二是做学问的方法,为学术界造成一种适应新潮的国学。"我自己做人不敢说有所成就,不过直到现在我觉得还是天天想向上,在人格上的磨炼及扩充,吾自少到现在,一点不敢放松。"梁启超这样做的目的,就是想通过自己的学问研究,通过对学生研究方法的指导,包括自己的起居谈笑,让同学们看到一个五十多岁的人,自己训练自己的工作一点都不肯放过,不肯懈怠,给同学们以相当的暗示或模范,使同学们得到许多的勇气。

梁启超希望学生们不要浪费时光,在学校期间就要加强人格的磨炼,加强自己力量的锻炼,加强自己责任的担当。他说:"实际上你有多少力量,尽多少责任就得。至于你无论在什么地方,总是社会的一分子,你也尽一分子的力,我也尽一分子的力,力就大了。将来无论在政治上,或教育上,或文化上,或社会事业

---

[1] 梁启超:《科学精神与东西文化》,张品兴主编:《梁启超全集》,北京:北京出版社,1999年版,第4006—4008页。

上……乃至其他一切方面,你都可以建设你预期的新事业,造成你理想的新风气,不见得我们的中国就此沉沦下去的。"①

第五,人格养成要以上等趣味为引导。

关于人格修养,梁启超还有一个观点,那就是要以上等趣味来引导人生。他说,他恨不得将一天的24小时变为48小时,一年到头不歇息,为什么?"忙是我的趣味,我以为这便是人生最合理的生活。"1921年12月,他应哲学社之请在北京高等师范学校演讲,说过这么一段话:

> 请君读我的近二十年来的文章,便知道我自己的人生观是拿两件事情做基础:一、责任心;二、兴味。人生观是个人的,各人有各人的人生观,各人的人生观不必都是对的,不必于人都合宜。但我想,一个人自己修养自己,总须拈出个见解,靠他来安身立命。我半生来拿'责任心'和'兴味'这两件事做我生活资粮,我觉得于我很是合宜。②

1922年4月,梁启超以《趣味教育与教育趣味》为题在直隶教育联合研究会做了一次演讲,对趣味问题做了专题的阐述。他说"趣味教育"产生于欧洲,但他们是将它作为手段,而他则要将它视为人生的目的。他强调:"趣味是生活的原动力,趣味丧掉,生活便成了无意义。"趣味干竭,人的活动便跟着停止。好像机器得不到燃料,总要停摆,停摆过后,机器还要生锈,产生许多毒害的物质。人类若到把趣味丧失的时候,便是生活得不耐烦,便是行尸走肉。倘若整个社会都如此,那便是痨病的社会,早已被医生宣告死刑了。

但趣味的性质却有上等和下等之别。凡是上等趣味,都是促人向上的,积极的。反之,凡是那种见不得人的,或以别人的苦痛换自己快乐的,都属于下等趣味。于是教育的责任也因此凸显。"人生在幼年、青年期,趣味是最浓的,成天价乱碰乱进,若不引他到高等趣味的路上,他们便非流入下等趣味不可。"如果教

---

① 丁文江、赵丰田编:《梁启超年谱长编》,上海:上海人民出版社,2009年版,第737页。
② 梁启超:《"知不可而为"主义与"为而不有"主义》,张品兴主编:《梁启超全集》,北京:北京出版社,1999年版,第3411页。

育不得法,学生在学校里找不出趣味,就会从校外、课外寻找他的下等趣味。所以,教育的责任就是要趁儿童或青年趣味正浓而方向未定的时候,引导他们获得一种可以终身受用的趣味。从这个意义上讲,"教育事业,从积极方面说,全在唤起趣味;从消极方面说,要十分注意不可摧残趣味"。

那么,怎样才能做到不摧残学生的趣味?梁启超指出,一是不可采用注射式的教育,把课本里头的东西叫学生强记,像从前教八股那样;二是课目不可太多,导致学生走马观花,应接不暇,结果任何趣味都不能养成;三是拿教育的事项当手段,像当年拿八股当敲门砖,门敲开了,自然也把砖给抛弃了。"我们若是拿学问当作敲门砖看待,断乎不能有深入而且持久的趣味。"只有各人选择他趣味最浓的事项做职业,自然一切劳作都是目的,不是手段,越劳作越发有趣。①

论及此,梁启超特别以教师的职业趣味为例来说明。1922年8月5日,梁启超对东南大学暑期学校的学员演讲,强调厌倦是人生第一件罪恶,也是人生第一件苦痛,而教师不应该有厌倦之感。为什么?他指出:"教育家日日做的终身做的不外两件事,一是学,一是诲人。学是自利,诲人是利他。人生活动的目的,除却自利、利他两项外更有何事?"②既能利己,又能利他,所以教育事业是一项十分有趣味的事业。在许多领域都前景不明的当时,教育领域却是一条光明大道,因为国家的托命在人民,未来国家建设的栋梁现正在学校读书。只要教育者"鞠躬尽瘁",好生把他培养出来,不愁国家不眼见中兴大业。他强调:"在教育界立身的人,应该以教育为唯一的趣味。"他说:"一个人若是在教育上不感觉有趣味,我劝他立刻改行,何必在此受苦?"另外,教师还有一件特别便利的事,因为"教学相长"的关系,教师的教人与研究学问是分不开的。一面教育,一面研究,两件事完全打成一片,这是人生最快乐的事。所以梁启超以孔子的名言"学而不厌,诲人不倦"勉励教师:"独有好学和好诲人,真是可以无入而不自得。若真能在这里得到了趣味,还会厌吗?还会倦吗?"③

梁启超本身就是这样的人,他的追求是在为人类为群体的奉献中获取人生

---

①梁启超:《趣味教育与教育趣味》,张品兴主编:《梁启超全集》,北京:北京出版社,1999年版,第3963—3964页。

②梁启超:《教育家的自家田地》,张品兴主编:《梁启超全集》,北京:北京出版社,1999年版,第4011页。

③梁启超:《趣味教育与教育趣味》,张品兴主编:《梁启超全集》,北京:北京出版社,1999年版,第3965页。

乐趣的人生观。他认为人人都应该做到天天想向上，努力在人格上磨炼及扩充，人人都应该为社会有所作为。尽管人的地位及能力有所不同，但只要是社会的一分子，就应尽一分子的力。他在给女儿的一封信中说：

  我生平最服膺曾文正两句话："莫问收获，但问耕耘。"将来成就如何，现在想他则甚？着急他则甚？一面不可骄盈自慢，一面又不可怯弱自馁，尽自己能力做去，做到那里是那里，如何则可以无入而不自得，而于社会亦总有多少贡献。我一生学问得力专在此一点，我盼望你们都能应用我这点精神。①

二、著述办学显精神

  奋发向上的人生观是梁启超晚年的精神支柱，也给他最后 10 年生命历程增添了累累硕果。为了对思想界尽些微力，梁启超在这 10 年间，笔耕不辍，勉力从事于著述。他在对《申报》记者发表的谈话中说："吾自觉欲效忠于国家社会，毋宁以全力尽瘁于著述。"②梁启超十分重视理论创造的力量。早在 1902 年，他就发表了《论学术之势力左右世界》③一文，他在文章中强调，欧洲近代的崛起，根本的动力来自于思想的解放和学术的繁荣。由于思想大开，一时学者不复为宗教迷信所束缚，全欧精神，为之一变。凡我等今日所衣所食、所用所乘、所闻所见，一切利用前民之事物，安有不自学术来者耶？所以他坚信，我国的学者也皆有左右世界之力。这种信念一直支撑着梁启超，他认为，贡献即使绵薄，也要竭尽全力。

  那么，怎样才能使我国的学术影响世界，贡献世界？梁启超看到，当时文化界有一种现象，有些人总是把中国传统作为靶子，喜欢借助欧美学说的一鳞半爪，作为抨击之资。对此，梁启超认为他的责任，就是"在如何而能应用吾先哲最优美之人生观，使实现于今日"④。要达到这一目的，他认为在科学发达、中西交汇

---

  ①丁文江、赵丰田编：《梁启超年谱长编》，上海：上海人民出版社，2009 年版，第 720 页。
  ②丁文江、赵丰田编：《梁启超年谱长编》，上海：上海人民出版社，2009 年版，第 559 页。
  ③梁启超：《论学术之势力左右世界》，张品兴主编：《梁启超全集》，北京：北京出版社，1999 年版，第 557—560 页。
  ④丁文江、赵丰田编：《梁启超年谱长编》，上海：上海人民出版社，2009 年版，第 627 页。

的变动时代,有两个问题必须解决:一为物质生活与精神生活之调和问题,二为个性与社会性之调和问题。

他认为人生中不可没有物质生活,也不可没有精神生活。但是,物质生活不过是维持精神生活之一种手段,绝不能以之占人生问题之主位。如果一味地排斥科学,高谈古代精神,那终究必被物质所压迫而全丧失其效力。但如果奖励人心专从物质界讨生活,则无异于以水济水,以火济火。这个问题在近代欧美学说中没能解决,梁启超希望能运用儒家之均安主义,探讨出一种既能使人人得不丰不觳的物质生活,又能使吾中国人免蹈近百余年来欧美之覆辙,不至以物质生活问题之纠纷妨害精神生活之向上的方案。梁启超认为这是他对本国乃至全人类之一大责任也。

关于个性与社会性的关系,梁启超认为这二者之间互相依存,又互相妨碍。特别是在大规模组织涌现的现代,如何不至成为以机械的条规整齐个人,使个性丧失。而能使以个性中心之"仁"的社会,与时势骈进而时时实现。梁启超希望能以儒家所谓欲立立人、欲达达人为宗旨,用能尽其性则能尽人之性的理论加以破解,这也是他对本国乃至全人类之一大责任。

梁启超确信:"此两问题者,非得合理的调和,未由拔现代人生之黑暗痛苦以致诸高明。吾又确信此合理之调和必有途径可寻,而我国先圣实早予吾侪以暗示。"[①]

抓住这两个关系来探讨人格养成问题,来解决新时代人生观问题,确实是接触到了新文化建树的要害问题。梁启超的这一思考是理性的,他确实看到了中国近代化已步入一个不可逾越的阶段,那就是精神文化层面的改革。但其思想的倾向性也是十分明显,那就是要强化中国传统文化的现实意义。近代社会变革的种种失误,特别是欧洲游历的感触,使梁启超益发感觉到中国传统文化的可贵,因而对新文化建树的侧重点较之以前有了明显的转移。

为了能实现自己的心愿,梁启超自告别官场后,着力把生活习惯努力改变。

[①] 丁文江、赵丰田编:《梁启超年谱长编》,上海:上海人民出版社,2009年,第627—628页。

教育近代化中的梁启超

每晚坚持八时就枕,每日未明而起,潜心于中国通史的写作,每日能写两千字以上。旅欧归来后,梁启超更是以一种忘我的精神投身于著述之中。久负盛名的《清代学术概论》,梁启超仅用一周时间便交稿,《陶渊明年谱》是三日杀青,《戴东原先生传》用一昼夜一气呵成,《戴东原哲学》则连续34小时不睡觉赶成。1925年秋冬之交,梁启超开始讲授《中国文化史社会组织篇》,口敷笔著,昼夜不停。到了1926年春间,因积劳而病倒,《中国文化史》全书卒未完成。差不多过了半年,梁启超稍微康复,又在清华重开《中国历史研究法补编》讲座,每周两小时,绵延到1927年5月底。虽再接再厉,扶病登坛,但已无力撰稿,乃指定一两位同学速记,经他校阅后,编成讲义,刊载于《清华周刊》。①

正是以这样一种狂热之情,梁启超得以在哲学、史学、文学、图书馆学、社会学、经济、财政、法律、教育、宗教等诸多学科致力开拓。其涉猎之广,视野之开阔,思想之敏锐,在近代文化思想史上无一人能望其项背。尤其是在史学、佛教、中国古近代思想文化研究等方面,梁启超以其卓越的才华和非凡的洞察力,为社会留下了一大批影响深远的学术著作,也奠定了他在近代学术界的先驱地位。

梁启超对于著述简直达到痴迷的地步,用他自己的话来说是"著述之兴不可遏"②。虽然因过度劳累而经常病倒,但梁启超绝不肯有丝毫的松懈怠慢。他在辛勤的笔耕中,领悟到的不仅是学术创作的满足,而且是一种生活的乐趣。对梁启超来说,最大的痛苦莫过于因病而中断写作。他把因病住院叫作过"老太爷"式的生活,精神上实在痛苦。1928年他因病住院,在院中仍托人寻觅关于辛稼轩的材料,忽得《信州府志》等书数类,狂喜,携书出院,痔症并未见好,即驰回天津,仍带泻药到津服用,于是一面服泻药,一面继续《辛稼轩年谱》的写作。他在给女儿的一封信中这样写道:

我是学问趣味方面极多的人,我之所以不能专积有成者在此,然而我的生活内容,异常丰富,能够永久保持不厌不倦的精神,亦未始不在此。我每历

---

① 杨鸿烈:《回忆梁启超先生》,夏晓虹编:《追忆梁启超》,北京:中国广播电视出版社,1997年版,第283页。

② 丁文江、赵丰田编:《梁启超年谱长编》,上海:上海人民出版社,2009年版,第708页。

若干时候,趣味转过新方面,便觉得像换个新生命,如朝旭升天,如新荷出水,我自觉这种生活是极可爱的,极有价值的。①

为了扩大理论宣传和文化普及,梁启超又积极创办各类教育机构,甚至不惜自己捐资以维持教育设施的运营。1920年4月,梁启超发起成立了共学社。共学社的主要工作,一是出版杂志,将《改造》杂志作为共学社的刊物,以加强社会舆论工作;二是倡导图书馆事业,将为纪念蔡锷而设立的松社迁至北京,扩大规模,更名为松坡图书馆,梁启超自任馆长;三是选派留学生;四是编译新书,分时代、教育、经济、通俗、文学、科学、哲学、哲人笔记、史学、俄罗斯文学等10类,由共学社成员编译出版。梁启超认为:"培养新人才,宣传新文化,开拓新政治,既为吾辈今后所公共祈向,现在即当实行著手,顷同人所立共学社即为此种事业之基础。"②为了使共学社更好运作,他将所著《欧游心影录》一书的稿费全部捐出,以支持共学社开展活动。

梁启超发起创办的松坡图书馆,因为是私立,经费无着落,自任馆长的梁启超决定卖字求生存。每天晚饭后,梁启超休息十分钟,抽支烟,然后开始写字。如有人需求索梁启超的字,只需自提供宣纸,自提要求,梁启超都能一一满足。一个大字卖八块钱,这样的卖字,每月可得二三千元。③

1926年夏,教育部聘梁启超担任京师图书馆馆长,但经费全无。初时维持,靠以前图书馆积蓄的一点钱,梁启超也将馆长工资全部捐出。但到冬天,积蓄用完,图书馆已达到无煤升火,无纸糊窗的地步。工作人员入内,冷风飕飕,如同进入殡仪馆。梁启超本身也不宽裕,但仍然将其本人的五万元人寿保险单,向银行抵押,才解决了图书馆工作人员的发薪、生火、糊窗事宜,馆中人皆腾欢,暖如挟纩。④

---

① 丁文江、赵丰田编:《梁启超年谱长编》,上海:上海人民出版社,2009年版,第584页。
② 周传儒:《回忆梁启超先生》,夏晓虹编:《追忆梁启超》,北京:中国广播电视出版社,1997年版,第377页。
③ 吴其昌:《梁任公先生晚年言行记》,夏晓虹编:《追忆梁启超》,北京:中国广播电视出版社,1997年版,第406页。
④ 丁文江、赵丰田编:《梁启超年谱长编》,上海:上海人民出版社,2009年版,第742—743页。

教育近代化中的梁启超

1920年9月,梁启超发起成立了讲学社。讲学社的宗旨是聘请"国外名哲"来华讲学,每年一人。在以后的几年中,讲学社先后聘请了美国实用主义哲学家杜威、英国哲学家罗素、德国哲学家杜里舒、印度文学家泰戈尔4人来华讲学。这4人中,杜威在华停留时间达2年2个月(第一年由北京大学聘请),其余3人在华时间都有1年。他们的讲学促进了西方文化在中国的传播,对中国文化、思想、教育界产生了极为深远的影响。

当然,梁启超的这种办学热情,在很大程度上往往夭折在经费短缺上。1919年,中国公学校长王敬芳请梁启超莅校演讲。王敬芳当时还兼任河南福中煤矿公司的总经理,无暇顾及两头,便有意让梁启超承办中国公学,梁启超对此正求之不得。他在给女儿的信中说:"吾将以此为终身事业,必能大造于中国。"①他让执弟子礼的张东荪出任中国公学的教务长,并要求蒋百里、舒新城等人直接参与公学的工作。按梁启超一派人的设想,是将中国公学办成培养本派人才的大本营,此基础一旦稳固,便可向社会扩展影响。梁启超在给张东荪、蒋百里、舒新城的一封信中指出:"我所最感苦痛,是吾党人才缺乏,若贪多必至失败。从前因公学飘摇未定,我亦感此举之必要。今形势已变,窃谓当以全力注公学,此举只认为将来发展之一阶段,公等谓何如?"②但是,经费筹措的无奈使他的这一愿望未能实现。梁启超原希望华侨林振宗能捐50万,然后再向其他方面筹捐,便能解决办学经费的问题。可惜这一筹划也没有结果。梁启超又希冀得到政府的支持,但除了徒怄气之外便是无可奈何了。这样,中国公学每年只能从王敬芳的福中公司得到2万元的拨款,使中国公学处于进退两难、不知如何维持之境地。但梁启超鼓励同仁,只要勉强办得下去,则此校断不宜舍弃。

在承办中国公学的同时,梁启超的关注点又转移到了南开大学。1921年秋,南开大学聘请梁启超主讲中国文化史。该校张伯苓校长十分推崇梁启超的学识,意欲将南开的整个文科交予梁启超主持,梁启超闻此异常欣喜。按梁启超的设想,是想将南开文科的基础立定之后再图进展。他主张让张君劢当主任,蒋百里、张东荪、林宰平各任一门,如能请上梁漱溟,加上他本人,六人共同努力必可

---

① 丁文江、赵丰田编:《梁启超年谱长编》,上海:上海人民出版社,2009年版,第586页。
② 丁文江、赵丰田编:《梁启超年谱长编》,上海:上海人民出版社,2009年版,第606页。

使南开大学文科光焰万丈。梁启超希望经过三年努力,形成全国学校文史两门教授皆仰本科供给的局面。

与此同时,清华学校校长一职空缺,有人提出让梁启超出任,又使梁启超欣喜不已。他真希望此计划能够落实,则清华、南开两处共同作用,必能在全国形成影响。

但这些计划终因心余力乏、人才缺少而一一搁浅。

1923年1月,梁启超又计划发起创办文化书院,以实现弘扬中国文化,造就新国民精神的宗旨。其发起动机,人们说:"昔梁任公先生在金陵讲学,见一般学生,只知埋头伏案,研究科学上的原理原则,而于精神上之修养,并不感其重要,故毅然欲在天津创办文化学院,以补救现代机械式教育之缺憾。"①弘扬中国文化的意义及必要性,梁启超在《为创办文化书院事求助于国中同志》一文中列举了数条:

> 启超确信我国儒家之人生哲学,为陶养人格至善之鹄,全世界无论何国、无论何派之学说,未见其比,在今日有发挥光大之必要。

> 启超确信先秦诸子及宋、明理学,皆能在世界学术上占重要位置,亟宜爬罗其宗别,磨洗其面目。

> 启超确信佛教为最崇贵最圆满之宗教,其大乘教理尤为人类最高文化之产物,而现代阐明传播之责任,全在我中国人。

> 启超确信我国文学美术在人类文化中有绝大价值,与泰西作品接触后当发生异彩,今日则蜕变猛进之机运渐将成熟。

> 启超确信中国历史在人类文化中有绝大意义,其资料之丰,世界罕匹,实亘古未辟之无尽宝藏。今日已到不容局锁之时代,而开采之须用极大劳费。

---

① 张其昀:《悼梁任公先生》,夏晓虹编:《追忆梁启超》,北京:中国广播电视出版社,1997年版,第123页。

教育近代化中的梁启超

  启超确信欲创造新中国,非赋予国民以新元气不可,而新元气决非枝枝节节吸受外国物质文明所能养成,必须有内发的心力以为之主。

  启超确信当现在全世界怀疑沉闷时代,我国人对于人类宜在精神的贡献,即智识方面亦宜有所持以与人交换。以上五事之发明整理,实吾侪对世界应负之义务。

  启超确信欲从事于发明整理,必须在旧学上积有丰富精勤的修养,而于外来文化亦有相当的了解,乃能胜任。①

正因为此,梁启超自觉担当此任义不容辞。他自任院长,计划采用半学校、半书院的组织,精神方面力求人格的互发,智识方面专重方法之指导。文化书院内设本班、研究班、补习班、函授班4种。本班招收中学毕业生,研究班招收大学及高等专门毕业生,或经特别测验后认可者,补习班招收高师毕业生,专教导以国史、国文之教授法,函授班招收不能来院者。

梁启超的这个设想在社会上还是获得一定的反响。诸多名流纷纷来信表示愿意慷慨捐助,也有学生因仰望梁启超而致信表示愿意受教。有张正禄者,早年毕业于某军医学校,已在社会上工作多年,然始终感觉精神生活贫瘠。在报纸上看到梁启超欲开办文化书院的告示,他立即给梁启超致信表示报读文化书院的函授班,"决计舍去一切职务,专业肄志受业于先生之门,以终身从事"。他高兴地说:"今而后始,获受业之机会,或者能遂平昔之壮志,不虚生于人世乎。"②

可惜,此项计划最终也因经费的困难而搁浅。

三、学者战场在讲台

办学计划之一——搁浅固然可惜,但这并未影响梁启超讲学之热忱。梁启超

---

① 丁文江、赵丰田编:《梁启超年谱长编》,上海:上海人民出版社,2009年版,第632—633页。
② 丁文江、赵丰田编:《梁启超年谱长编》,上海:上海人民出版社,2009年版,第635页。

在组织和创办文教事业的过程中,同时也应各方邀请四处讲学。梁启超对此热情高涨,梁启超的长子梁思成曾追忆其父:

> 先君子曾谓"战士死于沙场,学者死于讲座"。方在清华、燕京讲学,未尝辞劳,乃至病笃仍不忘著述,身验斯言,悲哉!①

这里仅据《梁启超年谱长编》中的两个材料,便可窥见当年梁启超讲学范围之广,次数之多,题材之博,听众之广,影响之大。有人据《梁启超年谱长编》的内容进行整理,将梁启超在1921年10月至12月以及1922年4月至1923年1月期间的公开演讲列为表格,在短短的13个月内,梁启超的演讲次数多达38场,详举如下:②

时间	地点	演讲题目
1921.10.11	天津学界庆祝会	辛亥革命之意义与十年双十节之乐观
1921.11.12	北京国立法政专门学校	无枪阶级对有枪阶级
1921.11.21	天津南开大学	市民与银行
1921.11.26	天津青年会	太平洋会议中两种外论辟谬
1921.12.17	北京朝阳大学	续论市民与银行
1921.12.20	北京高师平民教育社	外交欤?内政欤?
1921.12.21	北京哲学社	"知不可而为"与"为而不有"主义
1922.4.1	北京女子高师	我对于女子高等教育希望特别注意的几种学科
1922.4.10	直隶教育联合会	趣味教育与教育趣味
1922.4.15	北京美术学校	美术与科学
1922.4.16	北京哲学社	评非宗教同盟
1922.4.21	北京诗学研究会	情圣杜甫
1922.5	北京法政专门学校	先秦政治思想
1922.6.3	北京心理学会	佛教心理学浅测
1922.7.3	济南中华教育改进社	教育与政治
1922.8.5	南京东南大学	教育家的自家田地

---

① 丁文江、赵丰田编:《梁启超年谱长编》,上海:上海人民出版社,2009年版,第773页。
② 转引自李喜所、元青:《梁启超传》,北京:人民出版社,1993年版,第495—497页。

续表

1922.8.6	南京东南大学	学问之趣味
1922.8.13	上海美术专门学校	美术与生活
1922.8.14	上海中华职业学校	敬业与乐业
1922.8.18	南京科学社生物研究所	生物学在学术界之位置
1922.8.20	南通科学社	科学精神与东西文化
1922.8.31	长沙一中	什么是新文化
1922.9.1	长沙	湖南省宪政之实施 奋斗之湖南人 湖南教育界之回顾与前瞻
1922.9.10	武昌	无业游民
1922.10.10	天津青年会	市民的群众运动之意义与价值
1922.11.3	南京东南大学	屈原研究
1922.11.6	南京女子高师	人权与女权
1922.11.10	南京东南大学	历史统计学
1922.12.25	南京学界	护国之役回顾谈
1922.12.27	苏州学生联合会	为学与做人
1922年	北京大学哲学社	评胡适之《中国哲学史大纲》
1922年	金陵大学一中	什么是文化 研究文化史的几个重要问题
1923.1.9	东南大学国学社	治国学的两条大路
1923.1.13	东南大学	课毕告别辞
1923.1	金陵大学	教育应用的道德公准

另一则材料是梁启超于1922年11月29日写给女儿的信中提到的,他在南京东南大学讲授《中国政治思想史》期间每周的功课表,兹列表如下:①

星期	上午	下午	晚上
一	支那内学院听佛学课	东南大学讲学1小时	
二	南京一中演讲2小时	东南大学讲学1小时	
三	支那内学院听佛学课	东南大学讲学1小时	
四		东南大学讲学1小时	法政专门学校讲课
五	支那内学院听佛学课	东南大学讲学1小时	给学术团体演讲
六	南京女子师范讲课2小时	东南大学讲学1小时	

另:南京各学校或团体之欢迎会,每周总有一次以上。

---

① 丁文江、赵丰田编:《梁启超年谱长编》,上海:上海人民出版社,2009年版,第623页。

第七章 未学英雄先学道,肯将荣瘁校群儿

梁启超的讲学如同他著述一样,几乎达到了忘我的地步。且不说这巡回演讲需频繁的奔波,得上午、下午、晚上连轴转,仅讲稿的拟定就是一项十分繁重的工作。他在南京的讲演,讲稿都是临时编写,仅在第一个月里他所编写的讲稿就达10万字之多。因而梁启超整日不是忙于讲演就是忙于写稿,以致陪同他去南京的张君劢也不得不日日劝他:"铁石人也不能如此做。"

梁启超对讲学极为认真。凡是约定的讲演,即便是遇上身体欠佳,他也不肯停止或改期。有一次,张君劢发现梁启超身体不适,便请了一位外国医生在讲堂外等着给梁启超检查身体。检查结果,梁启超右心房偏大,脉搏每分钟达90次,医生要求梁启超必须停止一切讲演。但梁启超不以为然,当晚,他又照常去南京法政专门学校上课。张君劢听说后立即赶到该校,把梁启超从讲台上拉下来。第二天,梁启超又照常到东南大学去上课。不料在讲堂门口见着一份通告,说梁先生有病放假。学生们都已散去。梁启超再一打听,才知张君劢已给各个学校都写了信,将梁启超所有的课都停止一个星期。梁启超坚决不同意。两人经过反复的讨价还价,最后议定东南大学的课照上,支那内学院的佛学课照听,其他讲演一概停止。梁启超这才作罢。但实际上梁启超并未依照这一商定的原则去办,他在1923年1月15日给女儿的信中说:"这几天并未有依医生的话行事,大讲特讲,前天讲了5点钟,昨天讲了4点钟,但精神却甚好。"[①]从南京返回天津后,梁启超也并未履行他对女儿许下的"戒讲演"的诺言,依旧到南开大学去讲课。甚至在正月初二,他去火车站欢迎杜里舒博士,所乘马车被电车撞倒,头部和腿部均负有轻伤,但梁启超仍然没有停止当天在南开大学的讲课。

1925年,梁启超受聘清华学校国学研究院后,他的讲课活动更为频繁了。清华学校兼行导师制,梁启超不仅主动承担导师职务,而且对要求接受指导的16名学生一概应承下来,远远超过了学校规定的指导10人的任务。此外,司法储才馆请他每周六讲一个小时的《人生哲学》,每周五和周六各有两个小时接见学生。燕京大学也请他讲课。国立京师图书馆编辑《中国图书大辞典》和《中国图书索引》,也要求他担任主要角色。梁启超都一一承担下来。这样,他虽然更忙了,

---

[①] 丁文江、赵丰田编:《梁启超年谱长编》,上海:上海人民出版社,2009年版,第632页。

但他觉得忙得兴奋。他说:"现在清华每日工作不轻,又加以燕大,再添上这两件事,真够忙了,但我兴致勃勃,不觉其苦。"①

梁启超诲人不倦的精神完全出自他对社会和学生的责任感。面对热诚求教的学生,他总是难以拒绝他们的恳求。有时因病耽误了学生的功课,他内心总感到对不住学生们,有一次他说了这么一段话:

> 上日为北京学术讲演会作四次公开的讲演,讲坛在旧众议院,每次都是满座,连讲两三点钟,全场肃静无哗,每次都是距开讲前一两点钟已经人满。在大冷天气,火炉也开不起,而听众如此热诚,不能不令我感动。我常感觉我的工作,还不能报答社会上待我的恩惠。②

梁启超的讲演如此受到社会的欢迎,不仅在于他讲演的内容别开生面,而且在于他的讲演真诚自然,充满感情。梁启超讲演时,"蓝袍青褂,身材魁梧,有些秃顶,却是红光满面,眼睛奕奕有神,讲起来有许多手势表情,笑得很爽朗。他引书成段背诵,背不下去的时候,就以手敲前额,当当作响,忽然又接下去。敲几次想不起来,就问当时陪听的教授钱玄同、单不庵、杨树达等"③。

梁启超的演讲,又因语言、表达的特殊,给学生有趣的印象:"先生时年约五十二三,发秃如镜,已呈苍老态,衣履朴洁,态度严肃。上课时,不携书本讲义,口授大意,命诸生笔记。先生拙于口才,其声调,骤听之,国语也,惟夹杂新会土音及广州方言。北方学生,无法记录,瞠目静听而已。下课后即群趋我粤籍同学处借抄笔记。先生每发言,必连声说'这个这个'以开端。'这个这个'之声不绝于耳,学生因赐以'这个老博士'之嘉名。"④

---

① 丁文江、赵丰田编:《梁启超年谱长编》,上海:上海人民出版社,2009年版,第718页。
② 丁文江、赵丰田编:《梁启超年谱长编》,上海:上海人民出版社,2009年版,第714页。
③ 梁容若:《梁任公先生印象记》,夏晓虹编:《追忆梁启超》,北京:中国广播电视出版社,1997年版,第339页。
④ 江父:《忆梁任公先生》,夏晓虹编:《追忆梁启超》,北京:中国广播电视出版社,1997年版,第313页。

第七章 未学英雄先学道，肯将荣瘁校群儿

梁实秋先生当年曾亲耳聆听过梁启超讲演，他说："我记得清清楚楚，在一个风和日丽的下午，高等科楼上大教堂里坐满了听众，随后走进一位短小精悍秃头顶宽下巴的人物，穿着肥大的长袍，步履稳健，风神潇洒，左右顾盼，光芒四射，这就是梁任公先生。"他说："先生的演讲，到紧张处，便成为表演。他真是手之舞之足之蹈之，有时掩面，有时顿足，有时狂笑，有时叹息。听他讲到他最喜爱的《桃花扇》，讲到'高皇帝，在九天，不管……'那一段，他悲从中来，竟痛哭流涕而不能自已。他掏出手巾拭泪，听讲的人不知有几多也泪下沾巾了！又听他讲杜氏，讲到'剑外忽闻收蓟北，初闻涕泪满衣裳……'，先生又真是涕泗交流之中张口大笑了。"①

有次在北师大上课，因那天刚好有师大与清华的一场篮球赛，到场听课的学生只有稀稀拉拉的三四十人。梁启超很不高兴，很感慨地说："做学问不如打球好玩……你们，不，他们不是要跟我做学问，只是要看看梁启超，和动物园的老虎大象一样，有的看一次就够了，有的看两三次就够了。不过我并不失望，不要多，只要好，我在时务学堂，也只有四十来个学生，可是出来了蔡松坡、范源濂、杨树达等，一个顶一个！"说完，他逐渐恢复常态，更起劲地讲下去了。②

梁启超的学术演讲也允许争辩，并欢迎批评批判。1922年秋，他在北京大学演讲《评胡适之中国哲学史大纲》，演讲分两天，每次两小时。第二天胡适也随同坐在了台上。梁启超的演讲有充分准备，批评都能把握重点，措辞犀利，极不客气，却颇见风趣，引导听众使他们觉得很有道理。第二天梁启超演讲后留下一半时间给胡适答辩，胡适事先已看过前一天的记录，在短短的40分钟中将梁启超的论点一一批驳，使听众又转而偏向胡适。这样的讲座，听众的情绪简直达到了"如醉如狂"的地步。③

---

①梁实秋：《记梁任公先生的一次演讲》，夏晓虹编：《追忆梁启超》，北京：中国广播电视出版社，1997年版，第311—312页。
②梁容若：《梁任公先生印象记》，夏晓虹编：《追忆梁启超》，北京：中国广播电视出版社，1997年版，第341页。
③陈雪屏：《用几件具体的事例追怀适之先生》，夏晓虹编：《追忆梁启超》，北京：中国广播电视出版社，1997年版，第306页注释。

还有一次,1922年3月,梁启超在北京大学作关于《老子》成书年代问题的学术讲座。过了几天,梁启超收到一份来自学生的"判决书"。这是一份以文艺形式写成的学术论文,将任公先生列为原告,将《老子》列为被告,以"在座各位中之一位"的身份"受理"任公先生的诉讼,进行判决:"梁任公所提出各节,实不能丝毫证明《老子》一书,有战国产品嫌疑,原诉驳回,此判。"梁启超见了后,并不介意作者的尖刻用语,反而赞许地说:"张君寄示此稿,考证精核,极见学者态度。其标题及组织,采用文学的方式,尤有意趣。鄙人对于此案虽未撤回原诉,然深喜老子得此辩才无碍之律师也。"①

在南京讲课期间,梁启超还同时在南京支那内学院当过学生。其起因是梁启超在上海《时事新报·学灯》上发表了一篇文章《唯识浅释》,大概文中有将佛学列入宗教的鬼神迷信的内容,遭到了支那内学院长欧阳竟无的批判:"我绝非轻视你梁启超,而是你的文章对青年传染力强——把佛学导入宗教的鬼神迷信。试想想,我们这一代应担负何等罪过?"欧阳竟无的批评使梁启超受到很大的震动,当他得知欧阳竟无开讲的《唯识抉择谈》课程又开始讲第二遍,梁启超于是每天到内学院随班听讲,风雨无阻,小病也不旷课。②

谦虚好学,诲人不倦,这就是梁启超的风采。有人曾这样评价梁启超的讲学:"惟其与青年接近,循循善诱,日事研磨,一有所问,无不详答,现时中国无论南北,能如先生之以学识文章,负当代之盛名,而以慈祥和蔼之态度,携提后进,诚恳指导者,恐再无第二人矣,先生实绝代之文宗良师也。"③

---

① 郑伯麒:《六十年前学术界的一段佳话》,夏晓虹编:《追忆梁启超》,北京:中国广播电视出版社,1997年版,第307—308页。
② 黄伯易:《忆东南大学讲学时期的梁启超》,夏晓虹编:《追忆梁启超》,北京:中国广播电视出版社,1997年版,第326页。
③ 王森然:《梁启超先生评传》,夏晓虹编:《追忆梁启超》,北京:中国广播电视出版社,1997年版,第24页。

结　语
万事祸为福所倚，百年力与命相持

1899年，梁启超自日本开始漫游夏威夷等地，心里洋溢着"生二十七年矣，乃于今始学为国人，学为世界人"的自豪：

> 余自先世数百年，栖于山谷。族之伯叔兄弟，且耕且读，不问世事，如桃源中人。余生九年，乃始游他县，生十七年，乃始游他省，犹了了然无大志，梦梦然不知有天下事。余盖完全无缺不带杂质之乡人也。曾几何时，为十九世纪世界大风潮之势力所簸荡、所冲激、所驱遣，乃使我不得不为国人焉，浸假将使我不得不为世界人焉。①

由一"乡人"而蜕变为一"国人"，进而为一"世界人"，这就是梁启超追随近代社会改革潮流的形象写照。为时代潮流所簸荡、所冲激、所驱遣，梁启超不故步自封，敢于否定旧我，敢于接纳新知。只有具有事业心的人才会有这样的不懈追求，只有胸怀凌云志的人才会有这样的蓬勃朝气。

有人因此讥讽梁启超"善变""屡变"。然而处于瞬息万变的社会改革潮流中，学问根基只具备旧学功底的梁启超，这个"变"正是其不断奋进的人生必然。我们常常看到，在历史发展的转折之处，总有一些人从时代列车上跌落了下来。因为他们的故步自封，因为他们的固执己见，这些人常常因哀鸣潮流的奔腾而归于落伍。但梁启超则以他的"屡变"在不懈地追赶时代的步伐，诚如郑振铎对梁启超的评价：

---

① 梁启超：《夏威夷游记》，张品兴主编：《梁启超全集》，北京：北京出版社，1999年版，第1217页。

然而我们当明白他之所以"屡变"者,无不有他的最强固的理由,最透彻的见解,最不得已的苦衷。他如顽执不变,便早已落伍了,退化了,与一切遗老遗少同科了;他如不变,则他对于中国的贡献与劳绩也许要等于零了。他的最伟大处,最足以表示他的光明磊落的人格处便是他的"善变",他的"屡变"。他的"变",并不是变他的宗旨,变他的目的;他的宗旨他的目的是并未变动的,他所变者不过方法而已,不过"随时与境而变",又随他"脑识之发达而变"其方法而已。他的宗旨,他的目的便是爱国。①

在梁启超的"屡变"后面,我们又分明感受到了他的勤奋,感受到了他与时光抗争的努力。晚年的梁启超虽然更深感成就一件事业并非易事,但他绝不肯放纵自己。在一个星期天,当时北京师大的学生李任夫与同学去看望梁启超,并顺便请梁启超写字,梁启超欣然命笔,写下一副对联相赠:

万事祸为福所倚,百年力与命相持。

梁启超对李任夫说:"人的一生,都是从奋斗中过来的,这就是力与命的斗争。我们要相信力是可以战胜命的,一部历史就是人类力命相斗的历史,所以才有今天的文明。我平生行事,也是信奉这两句话。所以遇到任何逆境,我都是乐观的,我是个乐观主义者,也许就是得力于此,希望你们青年人要从古人这种哲语中去汲取力量。"②面对流逝之岁月,面对多难之祖国,梁启超只求颇竭绵薄,只求在职一天便努力一天。他说:

中国病太深了,症候天天变,每变一症,病深一度,将来能否在我们手中挽救活转来,真不敢说。但国家生命民族生命总是永久的(比个人长的),我们总是做我们责任内的事,成效如何,自己能否看见,都不必管。③

---

① 郑振铎:《梁任公先生》,夏晓虹编:《追忆梁启超》,北京:中国广播电视出版社,1997年版,第88—89页。

② 李任夫:《回忆梁启超先生》,夏晓虹编:《追忆梁启超》,北京:中国广播电视出版社,1997年版,第417页。

③ 丁文江、赵丰田编:《梁启超年谱长编》,上海:上海人民出版社,2009年版,第719页。

靠着这种责任感,梁启超得以成为中国近代启蒙思想家;靠着这种紧迫感,梁启超得以成为中国近代蜚声中外的著名学者。但是,无论是问政还是著述,也无论是治事还是撰文,梁启超一生的精神追求始终没有离开"开通民智"这一主线。也正因为这一点,奠定了梁启超的近代教育改革先驱的地位。

近代的中国教育,处于世界资本主义大潮的冲击之下,正面临着一种历史的转折。然而中西文化的碰撞给近代中国人所带来的种种困惑,又使转变中的中国教育常常处于进退维谷之中。几回曲折,数度反复,引发无数志士仁人为近代教育改革奔走呼号,推波助澜。梁启超便是其中一位杰出代表。

中日甲午战争使洋务运动改革前途渺茫,顽固守旧势力更为猖獗,中国命运危在旦夕。是梁启超勇敢地站出来,积极协助康有为发动了维新变法运动。他向国人宣告,当今之势,是变亦变,不变亦变。中国只有推进变法,才可保国,保种,否则只能落入任人宰割的结局。他的呼号给国人以振聋发聩之启示,有力地推进了中国近代改革之历程,也为近代教育改革的深入大造舆论。

梁启超以其敏锐的洞察力,抓住国人愚智这一要害问题,向国人揭示国力强弱之根源所在。梁启超向国人宣告,世界竞争之势,社会进化之本,由力而趋于智,敞言自强于今日,以开民智为第一义。梁启超的宣传,给以培养特权阶层为宗旨的传统教育当头棒喝,为近代教育改革摆脱洋务教育的迷茫而转向普及教育指明了方向。

梁启超积极宣传以康有为为首的维新派的教育改革主张,向国人树起了"变科举,兴学校"两大旗帜。他向国人宣告,亡而存之,废而举之,愚而智之,弱而强之,条理万端,皆归本于学校。他向国人宣告,欲兴学校,养人才,以强中国,唯以变科举为第一义。大变则大效,小变则小效,由是他提出了废八股、广小学、倡女学、重师范、改革教材教法等一系列教育改革主张,开风气之先。

梁启超作为近代教育改革的先驱,不仅在于他于戊戌维新时期的振臂一呼,更在于他在流亡海外后,认真总结戊戌变法失败的教训,将探讨中国社会改革的思想触角深入到国民性的历史批判上。他以洋洋十余万言汇成《新民说》的呐喊,将中国的希望由寄托于政府的开明而转向于国民的新生。他断定,有新民,何患无新制度,何患无新政府,何患无新国家。这种观点,不仅成为新文化运动国民性批判的先声,而且把近代教育改革由物质的层面、制度的层面而开始引向精神的层面。

辛亥革命之后,梁启超曾一度沉浮于扑朔迷离的政潮之中,更深感中国的希望在一种全新的国民教育,因而晚年决然弃政从教,以著述和讲学两种形式,倡导国民教育。他强调说:"从前的文明是靠少数特别地位特别天才的人来维持他,自然逃不了'人亡政息'的公例;今世的文明,是靠全社会一般人个个自觉日日创造出来的,所以他的'质'虽有时比前不如,他的'量'却比从前来得丰富,他的'力'却比从前来的连续。"[①]如果说前一时期的"新民说"侧重于对国民性的批判的话,那么这一时期梁启超倡导国民教育则是侧重对共和国民资格的重建。这种观点,对中国新教育的建设是一个很好的启迪和警示。

由此看来,梁启超的教育改革思想在近代中国留下了这么一个轨迹:第一步,鼓吹教育体制的改革,从物质层面和制度层面推动教育内容、方法、制度的改革;第二步,深入到精神的层面,以对国民性的批判为"矢",直斥传统教育对人的摧残之"的";第三步,则结合时代特点,进一步提出共和国民品格的重建问题。三个环节一环紧扣一环,恰好形成一个整体。

梁启超教育改革思想的发展始终以人的改造为核心。对人的关注,对转折时代人格的关注,这是梁启超教育思想的基本出发点。尽管近代教育改革思想无一不是出发于对人才的渴求,但由于对人的看法不同,导致了各派教育思潮的差异。梁启超的教育改革思想比当时洋务派的先进之处,在于洋务派只看到了人的才能因素,而梁启超则看到了新时期人的素质因素、人格因素。梁启超的教育改革思想比康有为的先进之处,在于康有为过多地强调人的素质中传统性的一面,而梁启超则更注重人的素质中时代性的一面。

[①] 梁漱溟:《纪念梁任公先生》,夏晓虹编:《追忆梁启超》,北京:中国广播电视出版社,1997年版,第262页。

梁启超的教育改革思想之所以会独树一帜，关键在于他的教育思想发展始终以社会改革为契机。在近代中国内忧外患之剧烈时代，梁启超的教育改革思想始终以救亡图存为主线。因此，人们常常用"教育救国论"来概括梁启超的教育思想，尤其是指梁启超在戊戌变法时期的教育主张。这固然有一定的道理，但这种概括并不是很准确。梁启超对国人素质与品格的关注，并不主要是从一个政权的更替需要出发，更重要的是从社会进步的需要出发。他把救亡图存看做是中国汇入世界资本主义大潮的必然途径，因而，救亡图存就不仅仅是某一个政权存亡的需要，而且是社会进步的需要。梁启超所呼吁的国民性改造就是在这样的大背景下而定位。

梁启超教育思想的发展，还有一个重要特点，就是将其教育主张始终放在中西文化并重这个大背景之中。中西文化的碰撞，确实给近代中国人带来了诸多的烦恼和迷茫，于是出现了两种截然不同的文化观。诚如梁启超所指出的，要么如国中那些老辈，敝见自封，说什么西学都是中国所固有；要么如某些沉醉西风的人，把中国什么东西都说得一钱不值。梁启超不同意这样做。他认为继承中国传统文化，要学中国传统文化的根本精神，而要发挥中国的传统文化，则非借西方的文化做途径不可。这种中西结合的文化观，意在以发掘中国传统文化的精华为基础，吸收西方文明的精华，把它化合成一种新文明。这个总思路是对的。

梁启超教育改革主张的这三个特点，体现了梁启超对近代教育改革的追求始终围绕着新教育精神的构建这一轴心而展开。近代新式教育与传统教育的区别，不仅体现在教学内容、学校体制的不同上，更主要的是体现在教育宗旨、教育价值取向的不同上。近代教育改革没有以一种新的教育精神为主导，所有的改革成果都可能成为新瓶装旧酒的标榜，所以中国教育近代化的核心课题就是中国新教育精神的重构。梁启超的这一意识是清醒的，这是他终其一生都在关注着教育改革的主要原因，也是他的教育思想在近代社会始终都具有生命力的主要原因。

但是，梁启超最终没能找到构建新教育精神之路。虽然梁启超关于人格修养的主张不乏闪光之点，关于建树新文化的观点也不乏启迪之处，甚至关于办学的设想也多有让人期盼的成分，但所有的这些观点，都显得零碎，甚至显得空泛。

从教育角度看,这些观点既缺乏理论的系统性,更缺乏实践的导向性。总之,梁启超关于构建新教育精神的呐喊未能在社会上形成力量,缺失了震动人心的号召力。

其原因,梁漱溟曾经做了这样的分析:梁启超全盛时代乃是他在清末留日时期,广大社会俱感受到他的启发,接受他的领导。但至民国他登台秉政之年,早已不是他的时代了。再进到"五四运动"以后,他反而要随着那时代潮流走了。这时他的著述与讲学,完全是受蔡先生在北京大学开出来的新风气所影响。①这个评价或许可以给我们以启示。

旅欧归来的梁启超曾经是那么兴奋,晚年的梁启超在办学、讲学、著述等方面又是那么的勤奋,他认为中国儒家的人生哲学,一经发扬光大便可疗治现代社会的种种弊端,便可成为主导新教育发展的精神支柱。于是,不管是在著述中,还是在讲学中,梁启超都致力于以儒家道术的修养做底子,一面求知识的推求,一面求道术的修养,力求二者结合闯出一条新路。梁启超认定,自古以来天下事都是靠士大夫或领袖人才造出来的,靠着人格的力量便可感化天下。他就是凭借着这一信念来支撑着他的教育梦想。但他的这些努力未能奏效,给他带来的只有势单力薄的悲哀。他不得不承认,想靠极少数人打出一条血路,实在是不容易,这么大的事业,一个人是很难为力的。

梁启超人生遗憾的原因或许已深藏在他的这种悲哀之中了。

梁启超的内心深处其实是政治家的情结。或许因为他自青年时代就投身政治活动的缘由,做一个政治家始终是他排遣不开的心结。即使是在宣布绝意政治的情况下,梁启超始终都还在从政与从教之间徘徊。他晚年最大的愿望是"做个学者生涯的政论家"②,因而他的关注教育,他的从事教学,根本的还是为了政治。正如他所说:"我对于政治上责任固不敢放弃,故虽以近来讲学,百忙中关于政治上的论文和演说也不少,但时机总未到,现在只好切实下预备功夫便

---

① 梁启超:《欧游心影录》,张品兴主编:《梁启超全集》,北京:北京出版社,1999年版,第2976页。
② 梁启超:《外交欤? 内政欤?》,张品兴主编:《梁启超全集》,北京:北京出版社,1999年版,第3410页。

了。"①政治家情结的后面,是英雄史观的作祟,是"先觉觉人"的自命,这一点与他的老师康有为的心灵其实是相通的。政治家情结对梁启超的根本影响,就是将教育视为政治的工具,"政教合一"的传统观念还是深深地左右着梁启超的教育取向。

只要不是刚愎自用,其实以"先觉觉人"自命也并没有什么不好。问题在于,民国后的梁启超,其政治理念已趋于迷茫,导致其对现代教育精神的追求不可能走得太远。梁启超认识到如果社会政治不改革,国民素质不可能根本提高,这本来是很合理的。但他却在社会政治改革问题上无所措手足,诚如他自己所言:"吾今体察既确,吾历年之政治谈,皆败绩失据也。""吾尝两度加入公开之政治团体,遂不能自有所大造于其团体,更不能使其团体有所大造于国家,吾之败绩失据又明甚矣。"②

政治引导之路走不通,梁启超又开始寻求一条以道德引导新教育精神之路。然而,他在建构新道德新文化的问题上又陷入了迷茫。由于对资本主义国家社会弊病的判断失误,导致了梁启超将学问知识生硬地割裂为两个部分,即将数理化知识视为物质性的,将道德修养知识视为精神性的,并且将这两部分内容割裂为东西方学问的内核。他认为:"东方的学问,以精神为出发点;西方的学问,以物质为出发点。救知识饥荒,在西方找材料;救精神饥荒,在东方找材料。"而他强调:"为学的首要,是救精神饥荒。"③这种观点又重新回到了"中体西用"的老路。

为了强调道德的力量,晚年的梁启超谈及历史发展的动力,已很少强调物质的力量,很少强调科学的力量,很少强调竞争,很少强调优胜劣败,而一味地将其归之于道德力量。他在给清华大学的学生谈话中概述了近代社会进化的历程和原因。他指出,近代德高望重者是曾国藩,在世道坏极之时,他联合一班朋友严厉约束自己,待由他们出来掌权,实行道德改造政策,咸丰以后全国风气为之

---

① 丁文江、赵丰田编:《梁启超年谱长编》,上海:上海人民出版社,2009年版,第685页。
② 梁启超:《吾今后所以报国者》,张品兴主编:《梁启超全集》,北京:北京出版社,1999年版,第2805页。
③ 梁启超:《东南大学课毕告别辞》,张品兴主编:《梁启超全集》,北京:北京出版社,1999年版,第4159页。

一变，形成了理想道德社会。而继起者李鸿章则实行功利改造政策，专门奖励一班只有才能不讲道德的人物。继他而起的袁世凯更是变本加厉，明目张胆地提拔一批不讲人格的政客，天下便大乱特乱了。这样一方面是内乱不止，另一方面又从外国舶来了什么党，什么派，什么主义，中国便一直乱到现在①。梁启超的这一历史观实质上是在告诉人们，道德乃是历史发展的根本动力，教育只有以儒家道术来拯救精神，才能救国于根本。

梁启超的儒家道术拯救精神论，根源于近代中国人在构建新文化体系时所产生的文化危机感。面对道德沦丧和价值失落，他们企图采用既不同于复古思潮，又不同于西化思潮的立场，将科学与民主纳入儒家文化系统之中，想以这种体用关系的拼凑来构建一个新的文化系统，以达到文化和教育民族化的目的。但他们没有看到，作为自然经济和宗法制度产物的儒家文化，在整体上与它所滋生、生长的社会基础同质，其价值导向直接排斥与现代契约关系相关联的个人主动精神和公民意识的培育和成长，以贵族化特权化为特征的儒教也就根本不可能提供现代教育所需要的民主化和科学化的文化养料，教育的民族化实际就成为一句空话。他们没有看到，教育的民族化也不等于儒教化，教育的民族化也并不仅仅是古代文化的弘扬问题。他们陷入这一误区之中，所能做的只是将古代的东西来附会世界潮流，因而整个的思想便又重新回到了一切都古已有之的老路。

然而，就在梁启超感到势单力薄之悲哀的同时，中国的教育改革正呈现着如火如荼的势头。新文化运动深化了对传统教育的批判，西方教育理论和教育学说的输入已呈百花竞妍的态势，各种教育改革实验在各级学校正闹得红红火火。虽然，这时的教育改革实验还停留于以引进为主的阶段，还没有注意到从本国国情民性的实际出发对西方教育进行取舍，但这却是中国教育走向民主化和科学化的必然阶段。没有民主化和科学化的方向，就不可能真正改造中国教育；没有民主化和科学化的方向，中国教育就不可能走向民族化；没有民主化和科学化，也就不可能真正构建中国新教育精神。这就是中国教育近代化潮流所昭示的方向。

---

① 丁文江、赵丰田编：《梁启超年谱长编》，上海：上海人民出版社，2009年版，第736页。

梁启超终未能跟上这股教育改革的潮流。他总是在做着要将西洋人导入我们老祖宗这条路的梦,用心不可谓不良苦,探索不可谓不艰辛。或许是时机未到,或许是方向有误,总之他在寻找构建新教育精神之路上明显表现出一种力不从心的迷茫。这于梁启超个人来说,确实是个颇为遗憾的人生结局。但从教育近代化的进程来看,梁启超的探索,包括他的迷茫,却是极富价值的。在本来没有路的地方上下求索,这就是历史上无数先驱们的功绩所在。正是在这一点上,我们对梁启超怀有深深的敬意。诚如梁漱溟所指出的:"总论任公先生一生成就,不在学术,不在事功,独在他迎接新世运,开出新潮流,撼动全国人心,达成历史上中国社会应有之一段转变。"[①]至于梁启超在开拓中国教育新路时所陷入的迷茫之处,不也正是昭示给后来者的历史启示?

[①] 梁漱溟:《纪念梁任公先生》,夏晓虹编:《追忆梁启超》,北京:中国广播电视出版社,1997年版,第262页。

参考文献

[1]丁文江,赵丰田.梁启超年谱长编[M].上海:上海人民出版社,2009.

[2]张品兴.梁启超全集[M].北京:北京出版社,1999.

[3]梁启超.梁启超史学论著四种[M].长沙:岳麓书社,1998.

[4]夏晓虹.梁启超文选[M].北京:中国广播电视出版社,1992.

[5]夏晓虹.追忆梁启超[M].北京:中国广播电视出版社,1997.

[6]夏晓虹.阅读梁启超[M].北京:生活·读书·新知三联书店,2006.

[7]李华兴.梁启超选集[M].上海:上海人民出版社,1984.

[8]李喜所,元青.梁启超传[M].北京:人民出版社,1993.

[9]中国史学会.戊戌变法[M].北京:神州国光社,1953.

[10]朱有瓛.中国近代学制史料(第一辑)[M].上海:华东师范大学出版社,1983.

后　记

　　以往的中国教育史研究,对梁启超的研究,多集中在清末维新变法这一历史时期,其评价相对单一。这本小册子则将梁启超的一生放置在中国教育近代化总进程下做整体把握,对梁启超的教育思想演变做全方位梳理,以图对教育近代化中的梁启超有一个全景式的扫描。这是这本小册子要完成的任务。

　　中国教育的近代化是一个错综复杂的进程。这也给梁启超的教育思想带来了诸多的变化。这种变化既是我们客观认识梁启超教育思想的依据,也是我们认识近代教育改革进程的一个缩影。

　　当然,研究的困难也就因此奠定。梁启超的人生轨迹是希望成为一个政论家,从事教育只是他实现人生理想的一个组成部分,但却是他的人生最为精彩的一部分。而中国教育近代化的发展趋势又是朝着摆脱"政教合一"的方向走,是要让教育真正回归到教育,回归到培养现代人的教育。这就给梁启超教育思想的转变带来了困惑。就是说,他原来秉承的传统教育思想在新的时代条件下面临更新的课题。梁启超面临了怎样的时代难题,他是怎样调整自己的教育思路,怎样从教育近代化的角度给梁启超教育思想做客观评价,这些就是本研究所面对的困难。

　　而且,任何时代的教育家,他们所展现的教育思想,所实践的教育活动,总是与其性格、气质分不开。能不能在有限的篇幅里展现一个有血有肉的、使人们可以感知的教育家形象,也是本研究的一个难题。

　　依据这样的设想,我的这本小册子不知是否达到了这样的效果。可能书中还存在一些错误的地方,诚挚地希望得到广大读者的批评指正。

感谢山西人民出版社责任编辑的辛勤劳动,为这本书稿增色不少,使之读起来更流畅,更有气势,也更具有可读性。

王建军
于华南师范大学